盒具的文明

（下册）

THE CULTURE OF CHINESE BOX

马未都 编著

上海古籍出版社

目　录

开合之间
181

石质
215

漆质
235

镶嵌
277

木质
325

其他
361

附录　淡妆浓抹总相宜
394

后记
425

开合之间

人类文明的每一次进步实际上都是容器的革命。我们如果将容器理解得宽泛一些，就知道古人与今人一样，离开容器就不能生存。常规意义的容器一般指盛放物品的器具，生活中的锅、碗、瓢、勺皆属此类；但扩大一些看，家具、浴缸、汽车、房屋都可以算作容器；如果思路再放开一些，龟甲、竹简、纸张、U盘都是容器，容纳了人类以文字形式记录的思想与知识。

容器在人类文明进程中伴随人类共同进步。老子早在两千多年前就写道："三十辐，共一毂，当其无，有车之用；埏埴以为器，当其无，有器之用；凿户牖以为室，当其无，有室之用。故有之以为利，无之以为用。"老子精辟的论述，将容器有与无、利与用的关系推至后人不可逾越的高度。

早期人类发明的简单容器都呈开放型，由利用天然（如匏器）向人工制作（如陶器）过渡；封闭型容器的出现已是较迟的事情了。大汶口文化（公元前4300—前2500年）出土的红陶折腹鼎（图1），盖如高足豆倒扣，是偶然巧合还是刻意为之，尚无定论；龙山文化（公元前2350—前1950年）的白陶鬶（图2），盖纽虽残，但亦匹配；而同属龙山文化的黑陶罍（图3），盖似覆碗，顶置半环纽，毫无争议地表明盖合的作用；南方的崧泽文化（图4）（公元前3800—前3300年）、良渚文化（图5）（公元前3250—前2150年）带盖器具增多，表明容器文化的进步。

1 2
3 4
5 6

图1 大汶口文化 **红陶折腹鼎** 山东博物馆藏
图2 龙山文化 **白陶鬶** 山东博物馆藏
图3 龙山文化 **黑陶罍** 中国国家博物馆藏
图4 崧泽文化 **黑陶罐** 上海博物馆藏
图5 良渚文化 **黑陶盉** 上海博物馆藏
图6 战国 **彩绘陶盒** 山西博物院藏

图7 战国 三角云纹敦 上海博物馆藏

至少在5000年前，古人就知道在容器上加盖了，以保证食物和水的清洁，减缓变质的时间。进入商周，青铜器加盖日隆，表明所盛食物之珍贵。比起早期陶瓷，青铜文化加盖现象明显偏多，推测由其社会地位高低所决定。

山西博物院所藏战国彩绘陶盒（图6）可能是最早的盒之证物。与加盖容器不同，此盒的器身与器盖等分，盖亦有圈足，实际上可以认为此盒为两个浅碗扣合。这一发现，使盒变得清晰。从字面上讲，盒乃合的通俗表达，合为盒之鼻祖。合的本义按《说文解字》解释为："合口也。"合之动作有均衡对等的含义，久而久之，动词之合演变为名词之合，名词之合被后人冠以世俗之义，变成器皿之盒，沿袭至今。

盒之发展

·先秦两汉·

有学者认为，盒在战国时期的出现是一种替代行为。青铜器食器中敦（图7）的造型独特，上下均衡对称，上盖为下身的绝对翻版，这类上下

图8 战国 **青铜素盒** 湖北省博物馆藏 | 图9 战国 **鸳鸯形盒** 湖北省博物馆藏

对称的食器除敦之外，还有长方形的簠。敦的演变过程清晰可循，早期的敦多数上小下大，不强调对称平衡，而后期的敦则上下相同，绝对对称。

上下对称的敦对盒的出现不可能没有影响。马王堆汉墓的陶盒中存有小米饼，表明盒为食盒，在盛放粮食的功能上与敦相当。所以，从战国开始，用漆盒、陶盒作为铜敦的替代品，逐渐普及。青铜文化的谢幕，正是漆器、陶瓷文化的开场。

战国时期的曾侯乙大墓为我们提供了有关盒的部分信息。先是青铜盒的出现，一对口径25厘米，底径21.5厘米，高11.8厘米的青铜素盒（图8），出土时置放于食具箱内，盒在鼎下，夹于三足之间，另一副依此同样置于同一箱，另有一箱装铜罐、铜勺等，很显然，这是一套食具。那么，青铜素盒即可称之为食盒。

青铜盒虽不是仅此一对，但罕见出土。战国至汉，漆与陶之盒南北方均有出土，南方多于北方。形制与青铜食盒也有所不同。最著名的是曾侯乙墓出土的鸳鸯盒（图9），造型写实优美，纹饰抽象、具象结合。盒身两侧绘具象图案，一反战国楚文化的诡异之风，一侧绘龙形座双层架，上层悬两个青铜甬钟，下层悬两件石磬，乐师手持钟棒背向撞钟；另一侧绘乐师手持鼓槌敲击建鼓。另有一人戴冠佩剑起舞。两幅画作于方寸之间，反映了曾侯乙生前的奢华场面。这件鸳鸯小盒，尺寸不大，内容却超越一般的容器，极其丰富，显然不是一般用品，那它是干什么用的呢？

10
11 12

图10 战国 **酒具盒** 湖北省文物考古研究所藏
图11 秦 **漆衣铜盒** 湖北省云梦县博物馆藏
图12 秦 **漆衣铜盒** 湖北省云梦县博物馆藏

盒子作为容器，本应以实用为主，这件鸳鸯小盒，其容量有限，外形特殊，表现内容丰富，又仅此一件，显然为曾侯乙所钟爱。推测摆放陈列的可能性最大。当一件实用品之实用功能退居二线，陈设功能上升为主时，则是艺术表现的飞跃，它表明艺术与实用的本末置换，实用不再重要，艺术已不再是可有可无的精神享受。

楚文化鼎盛时期的许多漆盒功能明确，1995年湖北省江陵市纪南城一号墓出土的卷云纹酒具盒（图10），内置一壶二盘三耳杯，让人可以想见主人应用时的情景。此酒具盒的功能明确：储物、保洁、悦目，正是这些目的，让此盒早在两千多年前的战国时期就如此完美，以至今天面对我们之时还熠熠生辉。

秦朝享国时间虽短，但亦有大量与盒相关的文物出土，1975年湖北省云梦县睡虎地三号墓出土两具青铜盒（图11、图12），有意思的是两盒

13 图13 秦 **鸟云纹奁** 湖北省云梦县博物馆藏
14 图14 西汉 **双层九子漆奁** 湖南省博物馆藏
15 图15 西汉 **堆漆云气纹长方漆奁** 湖南省博物馆藏

形制有别，髹漆无异，均内髹红漆，外髹黑漆，两盒一圆润，一刚硬，显示了秦工匠的造型能力与审美。两盒同出一墓，也表明主人的审美宽泛，从美学角度提醒了我们，让我们在柔与刚之间游览。

睡虎地墓葬是个宝库，1977年在其另外一座墓葬中又出土一件鸟云纹奁（图13）。奁是盒的另一种表述，奁最早的意思单指镜匣，《后汉书·光烈阴皇后纪》载："视太后镜奁中物，感动悲涕。"这件鸟云纹奁直径约22厘米，高6.7厘米，出土时内有铜镜一枚，木篦一件，恰好印证了《后汉书》的记载。此盒的特殊还在于盖外壁，器外壁两处均针刻"大女子小"四字，今人读之费解，颇可猜想。

我们今天能见到出土的大量早期漆盒，大都空置，另有盒中物无法辨别者，像这样功能明确的"镜奁"并不多见，汉以后虽亦有出土，但形制上多有变化，可见社会繁荣时期，器物文化变化会极为快速。

两汉四百余年，勾勒盒之风貌清晰。长沙马王堆汉墓出土盒具数量之多，品种之全，世所罕见。其中彩绘云纹陶盒，与战国陶盒如出一辙，形制与彩绘方式显然沿袭旧制，改变不大。而该墓出土的漆盒（奁），品种多样，功能各异，一展汉之盒的风采。

最著名的九子奁（图14），双层，直径35.5厘米，通高20.2 厘米。内置尺寸不同、形状各异的小盒九个。小盒椭圆、圆、马蹄、长方等形状不一，内置胭脂、铅粉、梳篦、镊、粉扑、假发等。这个女子化妆盒，内装化妆工具及化妆材料，全面准确地反映汉代上层社会日常生活的奢华。九子奁为等级最高的化妆盒，此外依次为七子、五子、三子递减。马王堆的女主人身份不凡，故墓葬中漆盒等级颇高。

马王堆汉墓出土的盒（奁）还有油彩双层漆奁，圆形、长方形（图15）

16　17
18

图16 西汉 **彩绘三凤纹漆盒** 湖南省博物馆藏
图17 西汉 **耳杯盒** 湖南省博物馆藏
图18 西汉 **双层黑褐漆帛书、竹简盒** 湖南省博物馆藏

均有。尤其圆形漆盒（图16），已充分具备盒之一般概念：上开盖，器身与器盖近乎对等，直径大于高度，观之扁平，视觉稳定感好。

另一具云纹漆具耳杯盒（图17），内置耳杯（羽觞）七件，耳杯内写“君幸酒”。“君幸酒”“君幸食”，均以漆书翔实记载于马王堆漆器之上。“幸”当“希”解，《后汉书·鲍永传》：“诚惭以其众幸富贵。”李贤注：“幸，希也。”“君幸酒”“君幸食”就是希望你们吃喝快乐。竹简明确记载为：“髹画具杯柗。”柗，《说文解字》解释为“剑柙也”。柙与匣通假，宝剑之匣引申为盒。这宝贵的文献将两千年前的盒解释得清清楚楚，由于“杯柗”的包装保护，“君幸酒”耳杯崭新如昨，这可能是女主人利苍之妻未能想到的吧！

图19 西汉 **博具一套** 湖南省博物馆藏

图20 西汉 **锥刻云气纹梳篦盒** 湖北省荆州博物馆藏

马王堆汉墓出土的素漆帛书、竹简盒（图18），朴素无纹，通体髹黑褐漆，长59.8厘米，宽37厘米，高21.2 厘米，尺寸巨大，分上下两层，下层通格，上层分不等五格，出土时内装帛书与竹简，功能明确，实用为主。这样简素的大漆盒，在两千年前亦算奢华之物，可见装入之帛书与竹简的重要。

另一件为彩绘云气纹盝顶长盒。“盝顶”是个专业术语，指顶部四周下斜，源于古代小型妆具。这件盝顶长盒出土时内装一顶乌纱帽，内髹红漆，外髹黑漆，彩绘云气纹，色彩绚丽，可见主人地位。这种专属功能盒具，已将盒之功能具体化，为后世树立了榜样。

令人兴奋的还有六博博具盒（图19）。内装博局、骰子、筹码、棋子等，完整一套。六博起源很早，至迟春秋时期已出现，战国风行。东汉有《博经》，专门介绍其玩法，惜已失传。盒将博具成套保护至今功不可没，从某种意义上说，这也是启迪古人将盒具发扬光大的根本动因。

1992年在湖北省江陵市高台二十八号汉墓出土一件漆锥刻云气纹梳篦盒（图20）。盒呈马蹄形，盝顶，内装有一梳一篦，梳齿疏，篦齿密，其形与盒相同，可见汉代人已按梳篦外形为其量身定做盒具了，以此推论，汉时制盒业已成为行业，至少在漆作门下有一席之地。

江苏省邗江县左庄汉墓出土的彩绘双层漆奁（图21），内胆挖马蹄形

图21 西汉 **彩绘双层漆奁** 江苏省邗江县文物管理委员会藏

槽，存放梳篦五件，另有一小方孔，疑为插放支架，猜想置镜所用。比起前例，此盒用途功能更加明显，也趋向方便。由此可见，汉代妆盒的发展日益完善，日渐普及。

·魏晋南北朝·

汉代是中国封建社会发展的第一次高峰，也是中国历史上有名的厚葬时期。汉代出土的文物数量和质量在历朝历代中首屈一指。各种盒类，尤其是漆盒不胜枚举。进入了魏晋南北朝，由于国家长期的四分五裂，这一时期的墓葬出土文物数量锐减，质量也明显下降，各类材质盒子少之又少，令后人苦恼。

这一时期的人都用什么呢？我们几乎不见实物，只能从绘画中寻找。东晋顾恺之的《女史箴图》中，一侍女为女主人梳妆，身旁放在地上的妆盒一目了然，有圆有长，与汉式无异，由此可见，虽经过近二百年的时间，妆盒尚无大的改观。

安徽省马鞍山市出土的三国吴时朱然墓，提供了一些有用的衔接信息。朱然，三国时期东吴左大司马，右军师，当阳侯，地位显赫，曾与

图22 三国吴 **彩绘贵族生活图漆盘** 安徽省马鞍山市博物馆藏

图23 三国吴 **锥刻戗金黑漆盒盖** 安徽省马鞍山市博物馆藏

潘璋擒杀关羽，又随陆逊打败刘备，死于赤乌十二年（249年）。1984年，其墓葬抢救性发掘，虽已被盗，但仍出土一百四十余件文物，主要是漆木器。以目前考古而论，朱然墓是迄今为止发掘的等级最高的三国吴时期的墓葬。

朱然墓出土的几件漆器可供我们参考。彩绘贵族生活图漆盘（图22），此盘直径24.8厘米，高3.5厘米，外壁髹黑红漆，内壁髹红漆，绘《宫闱宴乐图》。画面三分，上为宴乐图，一派宴饮景象；下为出游图，一人骑马在前，仆人随行在后；中间右侧驯鹰，贵族之风了然；中间对弈，手之舞之，一副博杀场面；左侧梳妆，一女子跽坐对镜，长发飘然，与《女史箴图》无异。此漆盘虽小，亦融三国贵族生活万千于一盘之中。注意一下细节，即可发现上层宴饮场面中有大型食盒一件，中间梳妆女子旁有妆盒两具，一开一合。这说明盒在三国时期生活中已具有普遍性。

同墓葬出土的另一件黑漆戗金盒，惜只剩盒盖（图23），方形盝顶，线刻戗金，云气纹中间以龙虎鸟兽，把角处有佩剑、持节、拥旗者，可见贵族就是贵族，总是有人拥戴。戗金工艺在漆艺中属高档工艺，原认为宋代始创，在朱然墓未出土之前，情况也大致如此；但朱然墓中的这

图24 东晋 **彩绘漆攒盒** 江西省南昌市博物馆藏

只盒盖，将戗金工艺提至三国，工艺又如此娴熟，不排除汉代已有。

1997年，在江西省南昌市又发现东晋纪年墓葬，出土几件漆盒。汉代常见的妆奁（盒）已有明显退化，颜色单一，绘制草率；另有一组攒盒却颇具新颖（图24），盒制形象与汉代多子盒之子盒有异，似可拼攒，不单独存在。这种拼攒方式过去认为年代较晚，东晋墓出土的攒盒说明国人拼攒思路早就打开。

魏晋南北朝横跨近四个世纪，在中国封建社会中不能算时间很短。它之前的战国及秦汉时期，物阜民丰。以盒为证，实物不胜枚举，功能多种多样，不仅反映了当时的器具文化，还间接地反映了中国封建社会第一个高峰期的社会总体成就。而魏晋南北朝的分裂，生灵涂炭，百姓（包括贵族）生活品质下降，就是涉及一个小小的盒具，今日寻找起来也颇费气力，能提供的直接证据（盒子）、间接证据（绘画）都少之又少，让研究者茫然；可以想象，那一段历史出现仙风道骨的文人雅士的叛逆，不仅仅是对秦汉专制的挑战，也是对世俗社会发泄的不满情绪。史学界不少人把这个政权更迭随意、战乱频仍的年代看作是黑暗痛苦的年代。

·隋唐五代·

中国容器文化中的器皿构成，除贵重材料如金、银、玉、石外，普通材料有陶瓷、漆、玻璃等。由于陶瓷一支发展太快，又过于强大，陆续抑制了漆及玻璃工艺的成长。

战国至汉，中国漆工艺的成就有目共睹，以今天的出土文物论，仍可以用美不胜收、繁荣昌盛尽情歌颂。魏晋以后的漆器急转衰落，不能单单全部归结于社会的动荡，其中陶瓷工艺的迅速进步是一个不能忽视的直接原因。陶瓷的兴起，以其低廉的成本，向其他工艺发出全面挑战。与漆器相比，在制作成本、耐腐、多样性等诸多条件上，陶瓷极易胜出；不足之处是碰撞瓷不如漆，豪华瓷不如漆。正好赶上魏晋南北朝时期，社会的生产力下降，殃及池鱼。在一个民不聊生的时代，给人快乐的多是精神，所以魏晋时期的文化作品才有如此之高的成就。

当一个本可以大众化的产品——漆器，被后起之秀——陶瓷替代之际，一个走下坡，一个走上坡就成为必然。唐以后，瓷盒的兴起不单是容器的变化，更重要的是工艺历史的走向。漆器由于成本较之瓷器太高，贵族化倾向明显，除不能替代的漆制品（如古琴）外，漆器作为生活中的器皿，凸显贵族化特点，这一点对东瀛日本产生了巨大的影响。

我们在隋唐五代找不到有价值的漆盒证据，少见出土。著名的法门寺地宫出土文物品种及数量惊人，也未见大量漆器出土，仅见瓷胎平脱漆碗，秘色瓷作胎，外壁平脱镂银鎏金花鸟纹团花五朵，一看就是奢侈之举，不惧成本。这类高贵漆器只表明宫廷之需，不代表社会之需，实际上，漆之成本比瓷之成本居高已成为漆器市场竞争的致命缺陷。

至隋，瓷盒才开始出现。与汉魏两晋南北朝不同，瓷盒的功能开始

25 26
27 28
29

图25 隋 **褐釉青瓷印花盒** 湖南省博物馆藏

图26 隋 **青瓷菊花纹盒** 江西省博物馆藏

图27 唐 **素面金盒** 陕西省西安市何家村窖藏出土

图28 唐 **鎏金银盒** 陕西省西安市何家村窖藏出土

图29 唐 **素银盒** 陕西省西安市何家村窖藏出土

较为专一，尺寸较小且相差不大，应为盛放香料与化妆品所用。湖南省博物馆藏褐釉青瓷印花盒（图25）、江西省博物馆藏青瓷菊花纹盒（图26），都是瓷盒的早期式样，朴素无华，中规中矩。平底平面直壁，子母口，装饰有限度，这类盒子虽功能不甚明确，但出不了大的框架，均为化妆所用，便于携带。

入唐以后，各类盒子层出不穷。最著名的莫过于陕西省西安市的何家村窖藏，一次出土金银盒子28个，有素盒（图27），有鎏金（图28），有錾花，有线刻。其中有的盒子功能明确，所装物品清晰明了，比如：素面“大粒光明砂”银盒（图29），直径17.9厘米，高6.5厘米，盒内外壁均有墨书，内容近同，内壁书五行四十八字：

大粒光明砂一大斤

白马脑铰具一十五

事失玦真黄钱卅

黄小合子一六两一分内有麸三两强

钗钏十二枚共七两一分

“光明砂”又称丹砂，民间称朱砂，炼丹原料。丹砂本是一味中药，《中国矿物药》载：“丹砂味甘，微寒，主身体五脏百病，尤益于养神补气，安魂魄，明双目。”鉴于此，历朝历代皇帝喜好炼丹者不在少数。

麸金亦为炼丹原料，方士认为，黄金丹砂为神丹根本，服食后能使躯体不朽不腐，筋骨强健，青春永葆。麸金本是沙中淘炼出的金屑，状如麸片，因薄与砂金名称有别。

“白马脑铰具”即玉带板，“一十五事”即十五块，“失玦”则缺

图30 东魏 **滑石盖碗** 河北省磁县元祜墓出土

失带扣；“真黄钱”是纯黄金铸造的“开元通宝”，共三十枚；“黄小合（盒）子”为纯金所制，内装麸金；“钗钏十二枚”为钗九钏三。这样一堆贵重而又无关联的物品装入一盒，可见唐盒的功能相对随意，不拘一格。

在何家村的金银盒中，尺寸大小悬殊，装饰繁缛与朴素并存，功能有单一亦有复杂，许多盒子外形、材质均无区别，但装入内容却不一致。由此可见主人似乎并未有意识强调盒之功能明确。

在唐代，还有一种石质盒子在华北地区出土很多，这类滑石类石质器皿常见唐代典型造型，尤其是石盒，对唐代陶瓷盒子制作产生过示范性影响。尽管盒子的造型略有差异，尺寸大小悬殊，但整体上仍是以旋削为主，造型向金属器靠拢。

河北省磁县在南水北调工程中，报批国家文物局发掘一座北朝东魏墓葬，墓主人是东魏皇族元祜。此墓未曾被盗掘，出土文物甚多，其中有一件滑石盖碗（图30），呈盒状，极精美。这类滑石民间俗称“孔雀石”，石地上常见深褐绿色斑点，强光下可星星点点透光。过去一直认为这类滑石作品为唐代独有，可见至少东魏天平四年（537年）就有十分成熟的作品了。

唐代石质盒子，粉盒、油盒类小型盒子最多。尤其与唐代金银造型

31 图31 五代 王处直墓东耳室壁画
32 图32 五代 王处直墓西耳室壁画

雷同的盒子，器壁之薄，制作之精，可以用叹为观止赞扬。尤其敛口类盒子，收敛器口，应为防止油粉之类的化妆品外溢，得到了不少瓷盒作品的效仿。

石质小盒平顶平底，无纹光素者制作年代偏早，受盛唐金银器的影响，虽没金银器的錾花装饰，但造型几近无二；有圈足带纹样的一般偏晚，有的可能接近五代时期，这时的异形石盒增多，放弃旋制工艺显然降低了效率，但增加了品种，也就增加了市场竞争力。

进入五代，盒子品种变得复杂，逐渐多样起来。河北省曲阳县西燕川村，群山环抱。1994年夏天，村委会报告，村西两公里处的西山大坟被盗掘，墓室被洗劫一空。经国家文物局批准，考古队于次年夏天对该墓进行抢救性清理。

我们今天能看到的只剩下壁画和石雕作品了，其中一块还曾被运至美国，后被归还。东西耳室的壁画（图31、图32）为我们提供了有关盒子

图33 五代 **银平脱花卉纹漆镜盒** 江苏省常州市博物馆藏

的大量有价值的信息。东耳室东壁绘一长案，上方绘山水图，案上绘置男主人生前所用之物，左起依次为：帽架（包括幞头）、长盒、海棠形盏、海棠形盖盒、高足圆顶大盒、镜架、海棠形高足盒、盝顶小箱、扫帚、花口瓶。

这一画面提供了男主人所用日常之物，包括小箱在内，共有五件带盖容器，占案上摆放物品的绝大多数，可见唐宋时期盒子对生活的重要性。

西耳室西壁长案上方绘花鸟图，案上也绘置梳妆用具，盒（箱）具有八件之多，其中两件小巧的盒子显然是女主人的妆盒，在案上一左一右放置。这些盒子从造型、纹饰、尺寸分析，应有金银器，也应有瓷器。

墓的主人王处直是唐末五代早期的义武军节度使，《旧唐书》《旧五代史》皆有传。他死于后梁龙德三年（923年），次年下葬。该墓葬距唐亡已十七年了，但唐风处处可见，许多器皿造型与唐代文物一致，尤其盒具，晚唐五代风格明显，高足紧缩，盒身加高，细节均有所变化。

除金属器（图33）（材料取得难）和石器（材料加工难）等制盒材料，另一类平民化的物质——陶瓷，在唐代大放异彩。随着对外贸易的拓展，加上在唐政府禁铜令的干涉下，陶瓷迅猛发展，瓷盒如雨后春笋般在大江南北频频出现，进入陶瓷盒子的繁花似锦的时代。

唐及五代的瓷盒，与当时的瓷器同步生产，同样造成南越北邢的局面，造型上越窑更趋向金属造型，邢窑更体现陶瓷特色。这一现象只是大体态势，并不绝对。有邢窑作品仿金属意味的，亦有越窑作品摆脱了金属风格的。

其他窑口，在盒子生产上也不遗余力，致使许多盒子今天不太容易分清具体窑口，甚至区分产于长江南北亦存在困难。但这些并不妨碍瓷盒这一唐代产品大规模生产。原因简单，唐代对外贸易的兴旺，促使香料大量输入；化妆术的普及，导致化妆品质量提高，盒具的需求增加顺理成章；可以肯定，唐代的小型盒具，大都是装香料、化妆专用。

·两宋金元·

宋代是一个非常商业化的时代，各类商品如有市场便会迅速普及。盒具在唐代就已显示了巨大的生命力，进入宋代，盒子品种、数量都在大量增加，尤其是瓷盒子，以景德镇青白瓷为主打的拳头产品遍及全国各地。

以今天宋代陶瓷窑系分类，八大窑系除建窑未见瓷盒产品外，其余的北方磁州窑、耀州窑、定州窑、钧州窑；南方的龙泉窑、吉州窑、景德镇窑都有瓷盒制造，其中景德镇窑为当仁不让的老大，其造型繁多，种类齐全，品牌形成，许多漂亮的盒子今人观之仍啧啧称奇。

在瓷盒蓬勃发展的同时，漆器产品也有复苏的迹象。江苏省宝应县出土的黑漆方形委角镜盒，出土时内装一面方形委角铜镜，与盒之形状统一，显然盒子为铜镜定制。在宋代，由于手工业的发达，市场的繁

34 35
36

图34 北宋 **银里黑漆盖盒** 江苏省常州市博物馆藏
图35 北宋 **黑漆高装素盒（对）** 江苏省无锡市博物馆藏
图36 南宋 **戗金莲瓣朱漆节盒** 江苏省常州市博物馆藏

荣，定制产品时兴。“天下熙熙，皆为利来；天下攘攘，皆为利往”。商品的趋利性保证商品的发展。宋代漆器中镶制银里较多，一是显示富贵，二是使用方便。除银里杯盏外，银里漆盒流行。江苏省常州市宋墓出土的银里黑漆盖盒（图34），外黑漆素面，内衬银里，是个极好的实证。与此同时出土的还有银里黑漆盒，工艺相似，成本相当。宋代的这类多种工艺集一身的漆器出现，至少说明两个问题，一是漆器名贵，否则不与银结合；二是工艺进步，市场需求。

宋代还流行一种高型盒子，如江苏省无锡市出土的一对高装黑漆素盒（图35），改变盒子一贯的矮扁形象，变得高挑。显然这类盒子储物的内容发生了变化，不太可能是化妆品一类。紫石菊花纹高装盒（图版

图37 北宋 **剔犀银里碗** 江苏省张家港市文物保管所藏

图38 南宋 **菱花形黑漆盒** 江苏省常州市博物馆藏

一一）就属此类，口沿密封极好，放食物的可能性最大。苏轼《寄周安孺茶》“髹筒净无染，箬笼匀且复”，说的就是这种高装筒盒。

南宋时期，漆器发生了很大变化，审美的改变促使工艺革命。由于南方气候温和，人也活得细致，加上定都临安后形势逐渐稳定，生产又获发展。漆器在这样一个大背景下开始变革，戗金、剔红工艺出现，剔犀工艺虽在北宋末已出现，但南宋开始普及。江苏省武进县出土的戗金莲瓣朱漆节盒（图36），十二莲瓣，四层，盒面绘庭院仕女，周围绘折枝花卉，今天观之，仍不失雍容华贵，盒内朱漆书写“温州新河金念二郎上牢”。上牢是个广告语录，宋代漆器常用，大概意思是牢固耐用。

1974年江苏省沙洲县宋墓出土一对剔犀银里碗（图37），该墓主人卒于大观元年（1107年），由此可知剔犀早在北宋晚期就有生产。南宋以后，剔犀盒子出土不少，红黑间半，有八方节盒，有执镜盒，这些剔犀作品当时影响到银器（银梅瓶）、瓷器（影青梅瓶）的生产。一般来说，商品有一特性，即以低廉材质模仿高贵材质，但也有高贵材质屈身仿流行式样的例子。

宋代漆器盒子造型与当时瓷盒非常接近。如江苏省江阴市出土的菱花形黑漆盒（图38），六瓣形，宽边，子母口，器形饱满，与同一时期瓷盒比较，宽边这一特征明显雷同。单色漆器由南宋延续至元，变化不大，但剔刻漆器发生了明显变化。

图39 南宋 **剔犀执镜盒** 江苏省常州市博物馆藏

图40 元 **剔红赏花图盖盒** 故宫博物院藏

可以看出，南宋的贵族漆器——剔犀（图39）、剔红到了元代发展迅猛，尤其剔红，舍弃了图案化，开始追求意境，或山水或花草或人物或庭院等；剔犀由于表现力的局限，仍坚守图案化的追求。元代的张成、杨茂等工匠的出现，使剔红这类高贵商品更加贵族化，所制作的盒子已脱离了使用这一基本要求，使其本身成为了艺术品，并强调展示炫耀。故宫博物院藏剔红赏花图盖盒（图40），平底平顶，盒面剔庭院人物、洞石、修竹，周围剔牡丹花卉，布局高雅。此时盒子的功能及所盛内容已不再重要，盒子本身变得十分重要。这一现象在漆器剔红家族中影响深远。

·明清·

明清与宋元之前情况不同，我们今天看宋元之前的器物，大都依赖出土，而明清文物传世作品很多，因此门类品种齐全。比如镶嵌类作品，限于历史保存条件，元之前的作品很少，有也多数不完整。明以后，尤其明晚期江南富庶地区，螺钿作品、百宝嵌作品形成时尚，工艺大家纷纷出现，江千里的螺钿、周柱的百宝嵌，不仅名噪一时，就是在今天，穿越了四百多年的时光，这些精品仍散发出充满魅力的光芒。我们依此可知明清

图41 明宣德 **青花盖盒** 观复博物馆藏

富足时期人们的精神世界，亦可看见他们奢华的物质生活。

这一时期，制瓷技术炉火纯青，在生产这一环节上没有任何障碍。瓷器进入明清，本身也变得漂亮，由青花到五彩，发展到斗彩、粉彩，以及单色釉、仿生釉，美不胜收。制作瓷盒已是随心所欲之事。由于取材容易，工艺娴熟，瓷盒构不成宋影青那种风靡天下的大宗产品，降格为一般性的小宗产品。

即便这样，明清两代五六百年间，随时可见瓷盒踪迹。宣德青花盖盒（图41），以尺寸式样判断，应为食盒；矾红描金龙凤纹果盒（上册图版八五），饮茶时置放干果；天启青花山水人物纹围棋盒（上册图版八六），多少人手抚其盒举棋不定；康熙青花麒麟送子纹捧盒（上册图版九三），放置杂物因人而异；康熙五彩山石花卉纹香盒（上册图版九六），点燃一支香，烦恼随风逝；乾隆粉彩雕人物纹八方印盒（上册图版九九），钤印之时，瞥一眼印盒知世俗懂高雅……

其他材质，如竹、木、牙、角、金银、珐琅，皆可制盒，盒之功能至明清已齐备，盒之品种至明清已大全。

图42 齐家文化 三角纹铜镜 中国国家博物馆藏

盒之种类

·妆盒·

亦称妆奁。历史久远，至少在战国就已齐备。梳妆之事，远不可溯，以铜镜出现为准，齐家文化铜镜（图42）不低于4000年，梳妆打扮，对镜美容，这算一个起点。梳妆用具以容器盛放，乃妆奁诞生之日。

战国时期，妆奁雏形已具。以战国漆器的成就，各色盒具比比皆是，制作专门梳妆之盒乃情理中之事。商周时期，古人中的贵族生活奢华，梳妆打扮乃社交必需，妆奁不过是个工具。入汉，妆奁品种丰富，马王堆汉墓女主人使用的九子奁，为汉制妆奁提供了最高等级的标准，此外依次减至七子、五子、三子，以单数存在，形成等级标准。

魏晋之后，虽实物不多，但其他途径提供不少梳妆场面，三国东吴左大司马朱然墓出土漆盘的梳妆场面，与东晋顾恺之的《女史箴图》场面十分巧合，妆奁置于旁侧，悠然自得。

隋唐五代，化妆术风行，唐代仕女不化妆似乎不能出行，浓妆艳抹，一派梨园景象。此时的妆奁虽难见实物，但一定精妙绝伦，相信早晚有

图43 明晚期 **黄花梨镜支** 观复博物馆藏

一天我们能识得庐山真面目。

宋代是个享受的时代，尤其摆脱战争苦恼之后，宋人的描眉画眼注重风情。李清照丈夫赵明诚去世之后，她所作词《凤凰台上忆吹萧》曰："香冷金猊，被翻红浪，起来慵自梳头。任宝奁尘满，日上帘钩。"即便痛苦异常，再懒也得梳妆。

明清之后，妆奁功能增加，受其他箱匣影响，妆奁大都改叫镜支（图43），多屉多格，名贵者多用紫檀、黄花梨等优质木材所制。《红楼梦》第四十二回："（黛玉）忙开了李纨的妆奁，拿出抿子来，对镜抿了两抿。"黛玉是个美人，"两弯似蹙非蹙罥烟眉，一双似喜非喜含情目"，那也少不了化妆，让美变得更美。

妆奁到镜支，妇女的妆盒至少走过了两千多年的历程。这期间女人未变，化妆术变了又变；妆奁功能未变，妆奁形式变了又变；变至今日，其目的未变，那就是让女人更美。

·香盒·

有证据可查的最早香盒实物是广州南越王墓出土的一件红漆香盒，内盛香料。战国至汉，衣物熏香很贵族化。《礼记·内则》：“衿缨，皆佩容臭。”郑玄注：“容臭，香物也，以缨佩之。”

随佛教传入中国，南北朝时期香盒已使用普遍，石窟中供养人手捧香盒就是例证。唐代法门寺地宫《衣物帐》记载：“香合一具，香宝子二枚。”香宝子也是香盒一种，呈高足高身状，与常见矮薄香盒有异，一般成对出现。香宝子算个奢侈品，民间少用，不见流行。而香盒由汉延续至清，从未间断。

唐宋时期，香盒常作为礼物送人，可见香盒受喜爱程度。黄庭坚就说自己有香癖。欧阳修在《归田录》中说：“每岁乾元节醵钱饭僧，进香合（盒），以祝圣寿，谓之香钱。”虽是凑钱，也是一份心意。宋时香盒式样繁多，凑钱买个价廉物美的香盒应不算困难。

明人文震亨著《长物志》，“香合”一节对香盒有详尽描述，什么式样品种为贵，什么不入品，交待得一清二楚。中国古代香料多种多样，有天然的，有合成的，其中为人熟悉的有：麝香、龙涎香、檀香、沉香、伽南香、苏合香、丁香等。常用的固态香有柱香、盘香、印香、香丸、塔香、散香等，此类香以焚释放，嗅其气味，看其烟气，修身养性。

但香盒中有散香者，不需焚，可随身携带。《红楼梦》第十九回，宝玉发现黛玉身上有异香，说道：“这香的气味奇怪，不是那些香饼子、香球子、香袋子的香。”可见此香非燃香。

香盒在明清两代多盛放香丸、香饼或散香，明清小说中多有描绘。比如《金瓶梅》第十一回：“（西门庆）便向袖中取出汗巾连挑牙与香茶盒

图44 唐 **长沙窑油盒** 南京博物院藏

儿，递与桂姐收了。”第五十二回：“潘金莲且在桌上掀弄他的香盒儿。”这些细节都在有意无意之间说明了香盒在那个富足且风流的时代的作用。

·粉盒 油盒·

粉盒盛粉，此乃脂粉；油盒盛油，此乃头油。但油盒亦可盛粉，粉盒亦可盛油，说明粉盒、油盒之间区别不大。这类小盒在唐宋盛行。胭脂已有三千年的历史，唐诗就有“三千宫女胭脂面”之句，宋词也有“胭脂谁与匀淡，偏向脸边浓”的描述。唐宋粉盒遗物中都有见残留妆粉。如1975年安徽皖南宋墓出土的粉盒中，三个小碗分别盛放粉、黛、胭脂，粉用来敷面，黛用来描眉画眼，胭脂用来涂腮及唇，这个化妆思路与今日化妆并无差异，几近相同。

古人重视发型，无论男女都在头发上下功夫。1975 年江苏省扬州市唐城遗址出土一具长沙窑油盒（图 44），盒面明确写明“油合”二字，此为孤例，但提供了珍贵信息。首先是盒尺寸比想象要大，直径达 10.4 厘米，高 3 厘米，其次可以看出油盒与粉盒至少在唐无大区别。

粉盒及油盒在唐宋用量极大，至今存世众多；明清之后，这类小型盒子，变得丰富多彩，其他材质应运而生，笔记小说多见记载。《金瓶梅》第五十回：“（西门庆）又把胡僧与他的粉红膏子药儿，盛在个小银盒内。”《红楼梦》第四十四回：“宝玉忙走至妆台前，将一个宣窑瓷盒揭开，……又笑向他道：‘这不是铅粉，这是紫茉莉花种，研碎了兑上香料制的。’平儿倒在掌上……然后看见……一个小小的白玉盒子，里面盛着一盒，如玫瑰膏子一样。”

《金瓶梅》和《红楼梦》是明清小说中的代表作，描写贵族与市井风情堪称百科全书，有关粉盒的记载说明了当时社会的普及与重视程度。

·食盒 果盒 提盒·

中国古人曾在漫长的时间内实行分餐制，今天的共餐制文化实际上是向游牧民族学习来的。在分餐制的时代，与之相关的餐具应运而生，比如自西汉起，一直到魏晋南朝，南方流行一种食具——槅，一件器物分隔成多个小盘，总体趋势是由长方形到方形再到圆形，可以说是攒盒（盘）的前身。

明清之前的食盒实物不多，家用食盒可能多种多样，便携食盒形制逐渐统一。宋代开始，文人墨客喜郊游，“游山器”应运而生。在宋之前，出行者带饭菜多用囊袋，“酒囊饭袋”一词本源于生活。

今最为常见的就是提盒（图45），古画中郊游时常让仆从带着。明清提盒从大到小，材质从名贵到普通，应有尽有。高濂的《遵生八笺》载：

余所制也。高总一尺八寸，长一尺二寸，入深一尺，式如小厨（橱），为外体也。下留空，方四寸二分，以板闸住，作一小仓，内装酒杯六，酒壶一，筯（箸）子六，劝杯二。上窄作六格，如方合（盒）底，每格高一寸九分，以四格每格装碟六枚，置果肴供酒觞，又二格，

图45 明 《西湖记》插图 明万历刊本

每格装四大碟，置鲑菜供馔筋（箸）。外总一门，装卸即可关锁，远宜提，甚轻便，足以供六宾之需。

高濂为明代雅士，讲究生活趣味，将自己的设计成书示人，不仅是襟怀，更多的是乐趣。明清郊游实际上是魏晋冶游、唐宋踏青的延续，食具的完善不过是社会的进步而已。

食盒多种多样，并无造型限定。《金瓶梅》第二十七回："只见春梅拿着酒，秋菊掇着果盒，盒子上一碗冰湃的果子。"其果盒能盛碗，当会不小。《红楼梦》第三十七回："袭人听说，便端过两个小掐丝盒子来，先揭开一个，里面装的是红菱和鸡头两样鲜果。"菱角和鸡头米都是水生鲜果，个头不大，显然此果盒尺寸不大。

其实，明清时期，尤其入清以来，攒盒骤增，《红楼梦》中多处描写，第四十回："宝玉因说道，我有个主意，既没有外客，吃的东西也别定了样数，谁素日爱吃的拣样儿做几样，也不要按桌席，每人跟前摆一张高几，各人爱吃的东西一两样，再一个什锦攒心盒子，自斟壶，岂不别致？"贾宝玉的随意多少有一点儿复古之情，分餐食用本是国人古老传统，"攒心盒子”也是由两汉魏晋的樏演变而来的。文化的传承性仅通过攒心盒子（食盒）即可体会。

·棋盒·

古人提出六艺：礼、乐、射、御、书、数，基于《周礼》。当时社会不够发达，生活环境相对严酷，六艺中少有闲情逸致。宋以后，尤其明清，生活变得悠闲，文人雅士讲究四艺“琴、棋、书、画”，棋指围棋，围棋较其他棋类有个根本不同，由空盘下起，而不是满盘排兵布阵后的博杀，因而显得温文尔雅。棋盒储子备用，常让下棋者“举棋不定”，其成语出自《左传》：“弈者举棋不定，不胜其耦。”围棋对弈又称手谈，按规矩下棋时不语，常见棋者一手捧棋盒，一手执子，一副心里不安的模样，手捧棋盒给予心安。

晋人蔡洪写过《围棋赋》，其中一段描写了棋盘制作过程，却忽略了棋盒。棋盒在以往的早期出土中不见，至明清后传世品才大增，可见明清时下棋时已注重棋盒。围棋始于西周，魏晋风行，唐代又兴，到了明清之际，从帝王到百姓，风靡大江南北。朱棣做燕王时，镇守北土，一次与使臣刘璟对弈，屡战不胜，令其难堪，朱棣叹息道：“卿不少让耶？”刘璟若知对手今后成为帝王，无论如何也得让几局保平安。明末崇祯年间，朱由检看江山大势已去，只能在宫中与田贵妃对弈来消磨时光，抚平心中忧虑。

这一时期，围棋盒之精之美，之多之全，空前绝后。焦秉贞的《仕女图》（图46），描写后宫中生活，其中对弈图中的一对棋盒，应为黄花梨木制作，与现存的实物近同。禹之鼎的《闲敲棋子图》（图47），一女子百无聊赖，闲敲棋子，旁置围棋盒一对，近似紫檀，可见生活质量。

46 47

图46 清 焦秉贞《仕女图》（局部）故宫博物院藏
图47 清 禹之鼎《闲敲棋子图》（局部）天津博物馆藏

·文具盒 印泥盒·

文具盒显然为文人所置。中国古代文人讲究生活品质，尤其讲究文房用具。文房用具小件为多，随意摆放易丢失，文具盒应运而生。文震亨在《长物志》中说：

文具虽时尚，然出古名匠之手，亦有绝佳者。以豆瓣楠、瘿木及赤水椤为雅，他如紫檀、花梨等木，皆俗。三格一替（屉），替（屉）中置小端砚一，笔觇一，书册一，小砚山一，宣德墨一，倭漆墨匣一。首格置玉秘阁一，古玉或铜镇纸一，镔铁古刀大小各一，古玉柄棕帚一，笔船一，高丽笔二枝；次格，古铜水盂一，糊斗蜡斗各一，古铜水杓一，青绿鎏金小洗一；下格稍高，置小宣铜彝炉一，宋剔合（盒）一，倭漆小撞，白定或五色定小合（盒）各一，倭小花尊或小觯一，图书匣一，中藏古玉印池、古玉印、鎏金印绝佳者数方，倭漆小梳匣一，中置玳瑁小梳及古玉盘匜等器，古犀玉小杯二，他如古玩中有精雅者，皆可入之，以供玩赏。

文震亨以其个人好恶将如此之多文具罗列一盒之中，表明文具盒在明朝文人心目中地位重要。事实上也是如此，我们今天能见到的明清两代文具盒（箱），多数具备多物储藏功能，使用非常便利。

文具中还有一种小盒令文人喜爱，即印泥盒。写字绘画后钤盖印章为中国文人独创，印泥在元之前大都水印，水干后朱砂易落，久了会漫漶不清。元代起，文人可能受妇女妆容影响，开始用油调印泥，为防止油性溢漏，用瓷盒盛放为宜。

印泥盒，简称印盒，又称印泥匣、印奁、印色池、印池等，材质广泛，硬质材料有玉、石、金属、瓷等，软质材料有竹、木、牙、角、漆等，盛入印泥，高下立见。油性物质有钻劲儿，稍有缝隙即大显身手，所以在使用中，瓷盒占了主流。明人屠隆在《文房器具笺》中说：“印色池（盒），官、哥窑方者，尚有八方、委角者最难得；定窑方池（盒）外，有印花纹佳甚，此亦少者。诸玩器，玉当胜于瓷，惟印色池（盒）以瓷为佳，而玉亦未能胜也。”高濂也在《遵生八笺》中说：“印色池（盒），以瓷为佳。”

至少明代文人对印泥盒已有瓷高于一切物质的肯定，实际上事实亦如此，入清以后，瓷印盒大量生产，尺寸以便携为宜，大不过一抔，小可攥在拳中。

·其他·

由于盒子的储物、保护、密封的特性，各类功能的盒子在古代生活中比比皆是，比如药盒、镜盒、砚盒、画盒、节盒、帖盒（拜盒）、帽盒、朝珠盒，甚至痰盒（《红楼梦》中有详尽描述），都在各自的领地发挥作用。从某种意义讲，离开了盒具，古人的生活会变得寡味；有了盒具，会给生活带来许多方便，使之充满乐趣。

结 语

当古人发明给容器加上一个盖子的时候，盒子的雏形就开始出现了。盒子在古人的创意下，不经意地将生活质量提高，从而促使了盒子在几千年的时间内蓬勃发展，品种由单一变得复杂，功能日益趋向齐备。许多盒子开始走入专属的行列，不再与别人为伍，成为器物文化的一支。

盒为名词，由几千年前的一个动作“合”逐渐演变成一支庞大的队伍。古人没有在意这个被称之为“合”的动作究竟会给我们带来什么。慢慢地，动作之合放缓，器物之合后来居上，加上器皿的通俗理解，“合”就成为了“盒”。

盒是设计简单而有效的容器，开合这一思路自始至终未曾改变。盒的开启与闭合是其存在的前提，盒的魅力除去储物功能外，开合是它的精髓所在。千百次开合，简单地重复；开为了合，合为了开，开合为了生命。

盒子作为容器文化的庞大一支，几千年来，它为我们的生活带来的便利，我们自己都可能忽视。但不应忽视的，是开合之间传递的古老文明和先人们探求的执着精神。

石质

〇〇一 孔雀石弦纹莲花纽高装盒

唐

直径七·九、高八·九厘米

深腹，外壁微弧

平底

盖饰六瓣花卉

顶置莲花形纽

含苞欲放

盒身刻等距弦纹

扫码了解文物背后的故事

这是一件石质的盒子，使用的是唐代非常流行的一种石材：孔雀石。孔雀石质地非常细腻，带有黑色的斑点，局部在很厚的情况下也会略有透光。

石盒表面装饰弦纹，一共有十道，每道弦纹打洼表现。一般来说，弦纹常见往下打洼的做法，或者是用一条阴线表示，如果做鼓起的弦纹更费时费工，但也更有意思。这件盒子的宽弦纹受青铜器影响，非常简素，是一种复古的追求。

盒盖上采用六瓣形盖钮，与柿蒂纹有些像，非常生活化，使用起来非常方便。

〇〇二

孔雀石粉盒

唐

直径一〇、高四・二厘米

造型经典
盖底相若
通体光素
盒边沿处起线

〇〇三

滑石油盒

唐

直径七·五、高二·五厘米

滑石，色青

盖沿弦纹一道

口大敛

口沿处起阳线

做工讲究

〇〇四 孔雀石弦纹圆盖盒

唐

直径二六、高一二·二厘米

整挖而成，尺寸巨大

自然斑纹散落其间

盒盖铲平处理

隆起弦纹一道

盒身阴刻弦纹六道

庄重大方

〇〇五
滑石花卉纹六角形小盒

唐

长三・四、宽二・三厘米

高一・六厘米

体小玲珑

六方形，圆圈足

盒盖减地网格纹

饰八瓣花卉一朵

醒目可爱

〇〇六 纹石飞鸟纹椭圆形盒

唐

长四·九、宽三·四厘米

高一·九厘米

椭圆形，小巧盖刻飞鸟一只双翅扇动有力作回眸鸣叫状生动传神

〇〇七

滑石线刻牡丹纹椭圆形盒

唐

长六·二、宽五厘米

高一·八厘米

石呈灰黑色

椭圆造型

盒体光洁

盖线刻牡丹纹

沿口连弧装饰

〇〇八

汉白玉锦地纹海棠形盒

五代

长六・三、宽四・五厘米

高三厘米

海棠形，圈足外撇

盒盖隆起

铲地网格锦地

满饰金钱纹

盖沿拧绳纹装饰

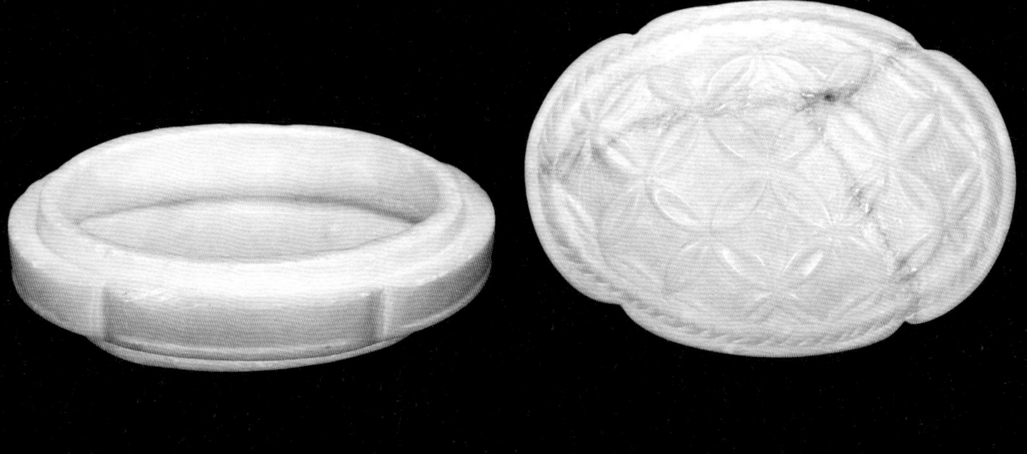

〇〇九

纹石宝相花纹盒

五代

直径六·五、高三·八厘米

石质坚硬光亮

浅圈足

盒口内敛

盖雕八瓣宝相花纹饰

立体感强

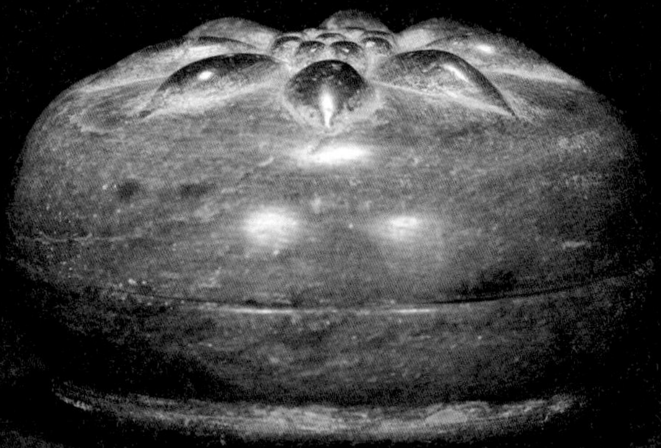

〇一〇

纹石花卉纹盒

五代

直径六·一、高三·五厘米

石色深，有纹

体光泽圆润

盖饰八瓣轮状花卉

花瓣充盈肥厚

〇一一 紫石菊花纹高装盒

北宋

直径七·二、高九厘米

直壁深腹

子母口

盖面微微隆起

中心留有菊花一朵

盒盖紧密

〇一二 寿山石素围棋盒（对）

明

直径一三·五、高九·二厘米

成对，磨制光亮盖隆起，底略凹器身饱满圆润两盖花纹一赭一红对比成趣

漆质

○一三

大漆线刻云龙纹委角盖盒

元

长三一、宽三一厘米

高一六厘米

木胎

外髹大漆

内施朱红漆

盒盖线刻正面云龙纹

居中压红漆团寿纹

盒角倭形

制式古朴

〇一四

剔红竹林七贤纹委角长方盒

明早期

长二六·八、宽一九·二厘米

高四·五厘米

委角

盒盖边沿打洼皮条线

面饰竹林七贤

人物站立

谈笑风生

立壁雕折枝梅花

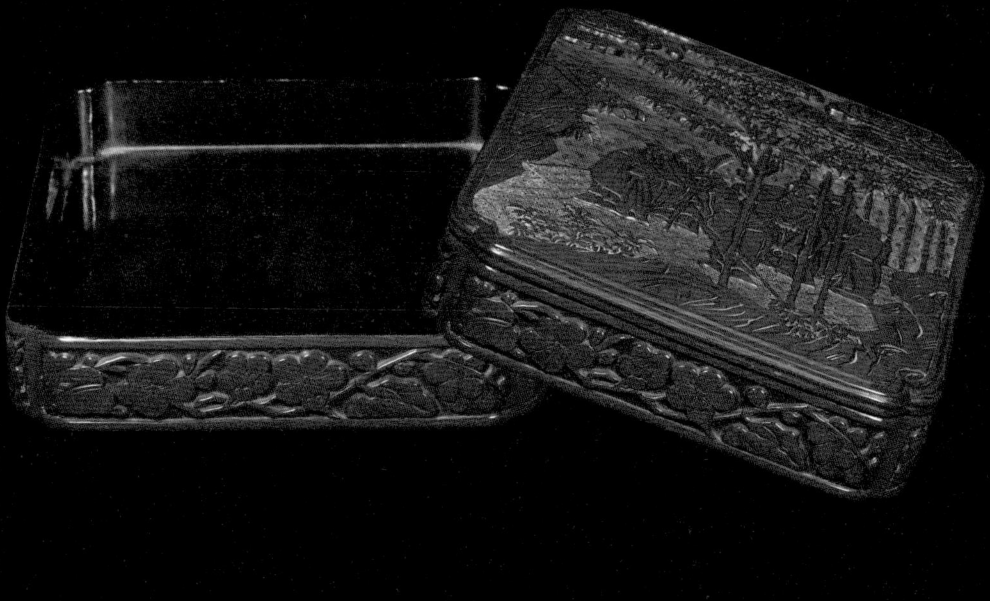

〇一五

剔红人物纹印盒

明中期

直径五・八、高二・五厘米

一分为二

上下相若

高浮雕

盖为山石仙人

底饰牡丹

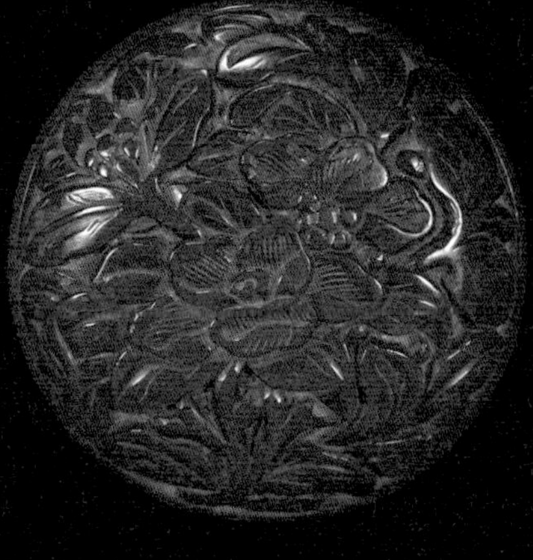

〇一六
剔红人物长方盒

明中期
长二四・八、宽二一・二厘米
高六厘米

天地盖
盖为「加官进爵」图
菱形锦地
间饰山石松柏
造型规矩

〇一七

剔红海水九龙纹捧盒

清早期

直径二九・一、高二二・三厘米

铜胎

满雕海水纹

九龙翻江倒海

显示皇权

〇一八

剔红折枝花果纹盒

清乾隆

直径七·三、高四·四厘米

足面相若
漆色沉稳
剔出饱满荔枝
富有层次
寓意一本万利

扫码了解文物背后的故事

剔红是一种常见的漆器工艺，中国人认为“硬碰硬为雕，硬碰软为剔”。剔红在制作时需要一层层刷红漆，非常讲究漆的干湿度，既不能太黏，也不能干透。在半干状态下用刀具进行雕刻，表达出想要的图案。

这件剔红漆盒上面的图案是“大荔图”，表达的是“大吉大利”之意。“荔”就是荔枝，取其谐音，让荔枝在文化中有了利益的意思。这件盒子的盒盖和盒底都装饰荔枝纹，表达的意思相同，但两面图案完全不一样。

盒子造型端正，上下等宽，在打开之前不知道哪边是上，哪边是下。此盒拿在手里的分量很足，有可能是金属胎。

○一九

剔红神虎镇邪纹长方盒

清乾隆

长二六·二、宽二〇·七厘米

高六·三厘米

长盒圆角，内髹黑漆

刀法圆润

朱漆层次感强

盖刻神虎镇邪典故

仙人置身山水云气间

四壁通景雕刻祥瑞图

祈求平安

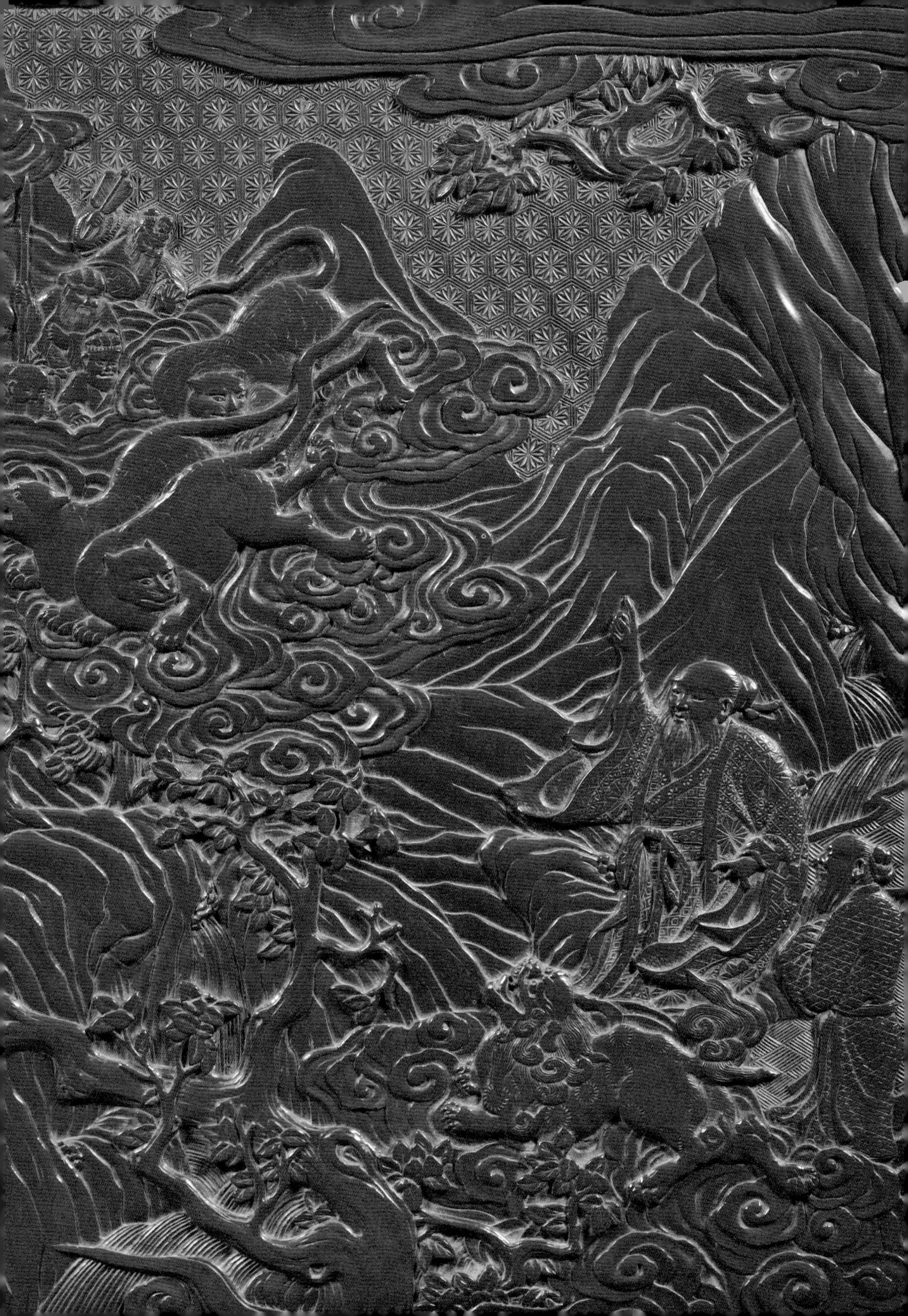

〇二〇

剔彩暗八仙纹桃形盖盒

清乾隆

长一〇、宽一〇厘米

高七・八厘米

小盒三个

桃形

精巧可人

盒身红、黑、绿三色漆

剔刻暗八仙

刀法犀利

〇二一 剔彩双龙纹「春」字捧盒

清乾隆
直径三八、高一四厘米

剔彩工艺精湛
缘于清宫造办处
纹饰繁缛
盒盖饰双龙捧「春」字
下为聚宝盆
皇家御用

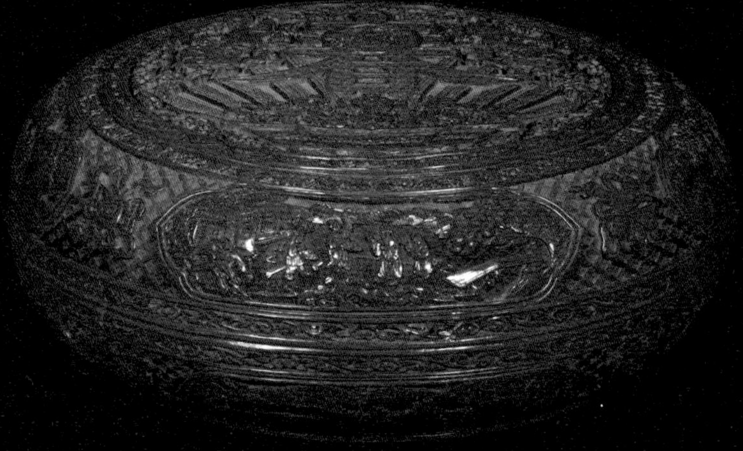

春

〇二二

剔犀长方盒

明晚期

长二四·四、宽一四厘米

高八·八厘米

木胎

剔犀工艺

通身雕刻云纹

朱玄两色分界明显

刀法娴熟

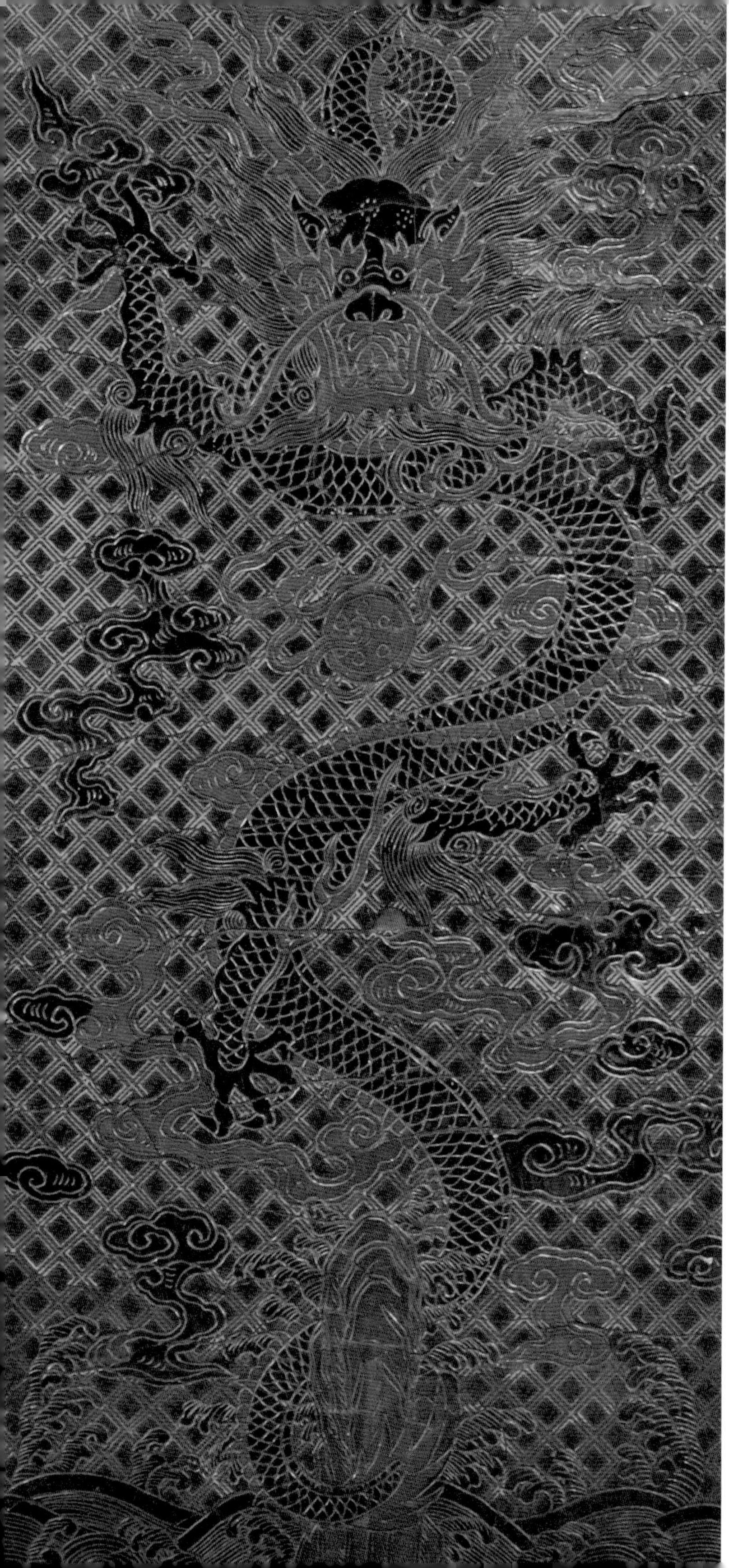

〇二三

雕填海水云龙纹长方盒

明晚期

长二八・三、宽一三・二厘米

高四・五厘米

天地盖

薄木胎

盖面隆起

雕填云龙锦地

设色明快

〇二四

雕填缠枝莲纹梅花形盖盒

清乾隆

直径三九、高一一厘米

五瓣梅花造型
制胎规整
朱漆红地
细线雕刻缠枝花卉
内填金漆
极富贵族气质

扫码了解文物背后的故事

这是一件梅花形的捧盒，采用了雕填工艺。简单理解“雕填”，就是在漆器表面先雕出纹样，再填以色彩。这件捧盒从造型到图案都非常程式化，图案采用了缠枝莲纹，效果华丽。捧盒里面和底部也非常讲究，都装饰了黑漆描金花卉纹。

由于是捧盒，它的功能性要全一点。盒分两层，中间一层既可以放东西，又起到分隔上下层的作用，称为“屉”。屉上带有圈足，可以端出来单独使用，显得非常讲究。

〇二五

犀皮漆涡纹捧盒

明晚期

直径二二·五、高一〇·二厘米

木胎圈足

盒盖起台阶

造型独特

犀皮漆装饰

涡纹满布器身

〇二六 犀皮漆捧盒

明晚期
直径二四、高一一·六厘米

造型圆润
犀皮漆纹为饰
简洁光素
一气呵成

扫码了解文物背后的故事

犀皮，又写作“西皮”“犀毗”。关于“犀皮漆”这个名称，来历非常复杂，唐宋明清对它均有记载。犀皮漆是一层一层的纹理，富有变化，北方人称之为虎皮漆，南方人称之为菠萝漆、笸箩漆。

这件犀皮漆圆捧盒，曾是王世襄先生的旧藏，在他多部著作中都有著录，现由观复博物馆收藏。漆盒的圆面有一点点鼓起，以红色为主，纹理变幻流畅，如行云流水，美不胜收。王世襄先生认为这种明代晚期的犀皮漆非常难得，四百余年，它的保存状态依然比较好。

〇二七
犀皮漆双鹿纹拜盒

清早期
长三九·五、宽一九·五厘米
高一〇·五厘米

犀皮漆黑红相间
本无具象
但此件显现具象纹理
细看两鹿悠闲穿于林间
极为少见

〇二八 彩漆描金山水人物纹长方盒

明晚期

长五〇·七、宽三〇·六厘米

高九厘米

长方盒

底加穿带，设六足

边缘处呈坡形过渡

盒面彩漆描画

山水楼阁

用色丰富

描金增加亮色

〇二九
彩漆花鸟纹委角方盒

清早期
长一六·七、宽一六·七厘米
高六·八厘米

盒正方
委角
黑漆地
盒面彩绘梅花绶带鸟纹
边饰折枝三多纹
祈求多子多寿多福

○三○

藤编彩漆山水纹拜盒

明晚期

长四○・八、宽二○・五厘米

高七・三厘米

白铜包边，工艺讲究

彩绘精细山水

偏居一隅

大面积留白

漆面形成自然断纹

更添韵味

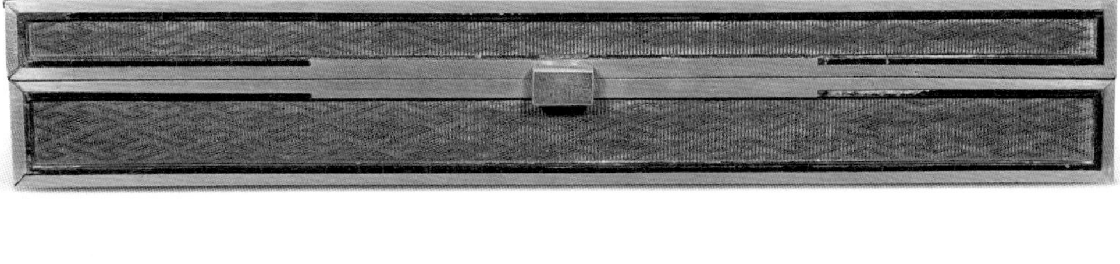

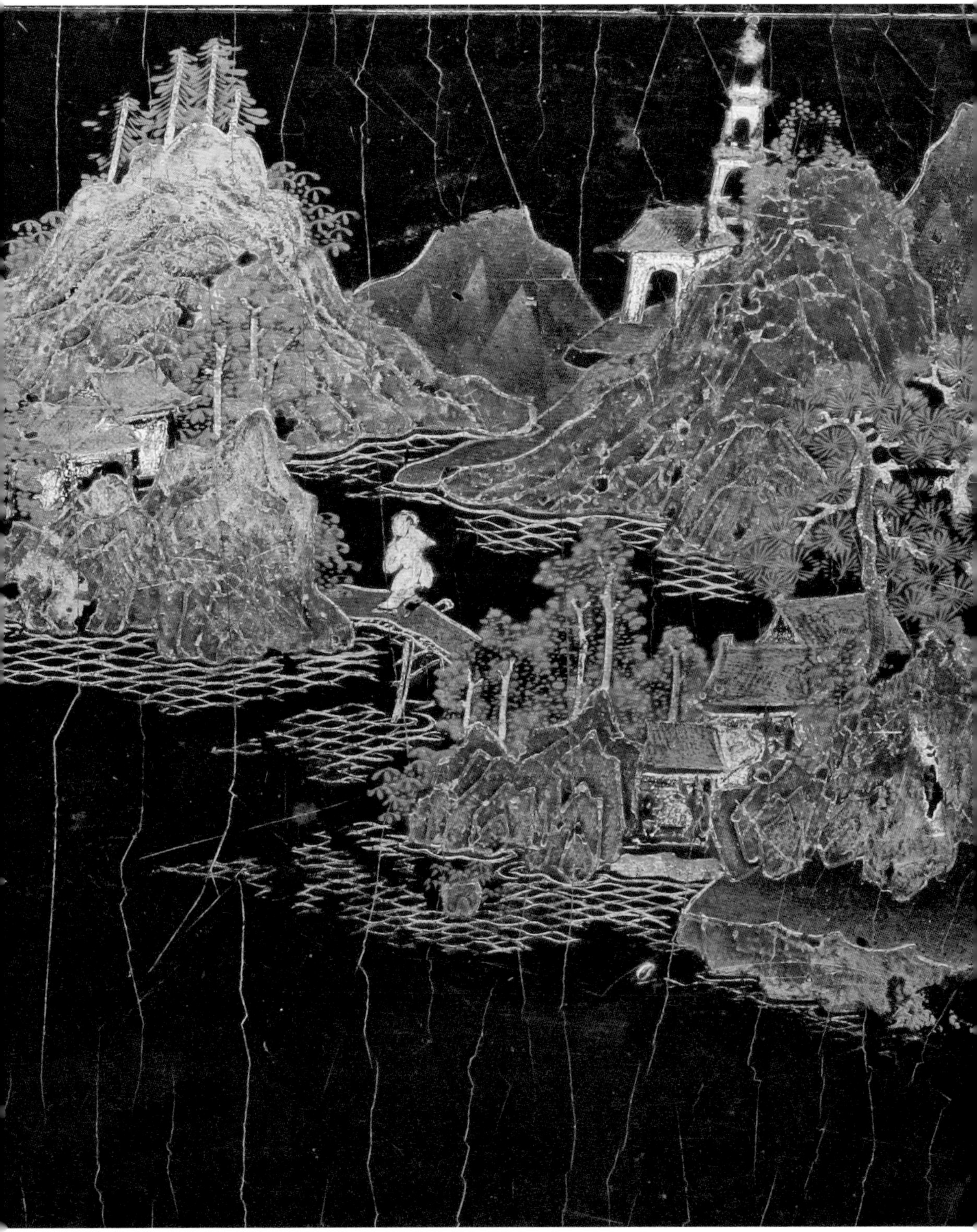

〇三一
红漆描金人物龙凤纹委角节盒

明晚期

长二三、宽二二·七厘米

高二三厘米

木胎委角，内外施朱红漆。双层节盒，上为攒盘。盒顶描金祝寿图，场面热闹，人物众多。

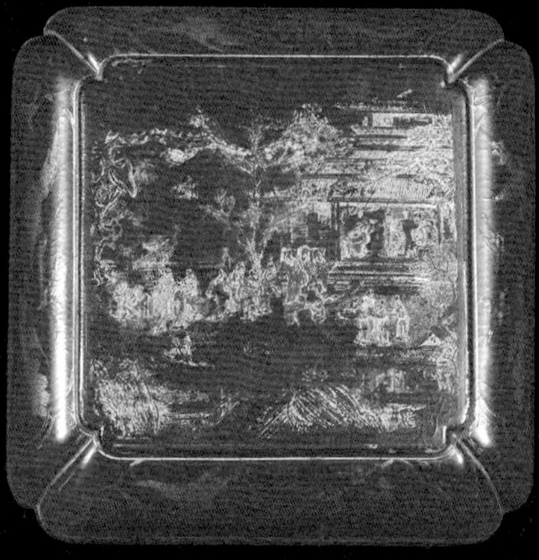

〇三二 彩漆龙凤纹盒

清乾隆

直径二九、高一四·五厘米

平盖弧身

黑漆为地

彩绘龙凤相对

中间一朵盛开牡丹

富丽气息扑面而来

○三三

紫漆地识文描金缠枝莲寿字纹捧盒

清乾隆

直径三八·七、高一一·八厘米

紫漆洒金地

内外皆髹

底置夔龙形六脚

缠枝莲朵肥硕

金银相映

富贵大气

清宫用品

〇三四
彩漆描金缠枝花卉纹捧盒

清乾隆
直径三七・三、高一〇・三厘米

口底相若
鼓形
漆地平整光亮
盒面饰五蝙蝠莲花
寓意富贵长寿

〇三五

黑漆描金白眉图长方盒

清乾隆

长一八・三、宽一二・八厘米

高九・二厘米

紫檀木地

浮雕拐子纹

画面髹黑漆

描金两猿端坐松枝

盒底绘双龙捧寿

意为白眉祝寿

○三六 识文描金「华祥献瑞」攒盘盒

清中期

直径三五·八、高一○厘米

圆形，盖平

内置九个攒盘

盒面满布花卉

中心饰「华祥献瑞」四字

八宝纹环绕

金灿烂，银氧化

扫码了解文物背后的故事

清代常在漆器上描金，如黑漆描金、朱漆描金、识文描金等。识文描金，即在纹饰凸起处描金，是漆器中较为奢侈的一种装饰工艺。

这是一件木胎漆质的大捧盒，非常高级，盖上篆书文字“华祥献瑞”，寓意吉祥。此盒通体髹褐漆作地，贴金银片，饰牡丹花纹、佛八宝纹，用黑漆勾绘枝叶、纹样，笔法精细。

盒内共有九个攒盘，周围八个扇形盘，中间一个圆形盘，均髹朱漆。这种攒盘盒的形式在清代中期非常盛行。

镶嵌

〇三七 黑漆嵌螺钿人物缠枝莲纹盒

明中期

直径二五、高一二厘米

盒形饱满
身侧以螺钿嵌出缠枝莲
金钱锦地铺陈其间
盖面神仙立于云端
另一人向其长揖
道教色彩浓郁

○三八 黑漆嵌螺钿人物纹砚盒

明晚期

长二五・五、宽一八・五厘米

高五・二厘米

文房用具

内装砚滴及端砚一方

盖面竖版构图

秀丽庭院

主客仆从，纷列其间

盒底一枝梅花斜出

怡然恬淡

〇三九

「千里」款黑漆嵌螺钿缠枝莲高士宴乐纹六方节盒

明晚期

长一三·八、宽一二·五厘米

高一八厘米

薄木胎

六角形，带底座

通身髹黑漆

镶嵌彩色螺钿

面为高士宴乐图

盒身六面装饰缠枝莲纹

底有螺钿款「千里」二字

扫码了解文物背后的故事

螺钿是中国古代很古老的一种工艺，至少在唐代就已经非常完备。到了明朝末年，螺钿工艺非常普及。当时有位制漆名匠叫江千里，扬州人，在做螺钿的人里名气最大，四海皆知。这件节盒的底部便用螺钿嵌“千里”二字。螺钿简单可分为厚、薄两种，厚螺钿在制作时都是嵌入的；薄螺钿则采用粘贴的方法，将薄薄的螺钿从螺壳上剥离下来，用镊子一点点粘在漆器上面，形成图案，称为“点螺”。

此件节盒连盖共有五节，为六方形设计，盖顶为高士图，四高士聚于垂柳之下，身后还有小童服侍。盒壁以缠枝莲纹作装饰，每一节盒子里面都有不同的花卉，每层制作得都很精美。图案采用了很好的螺钿，这些螺钿五彩斑斓，有紫、红、黄、蓝、绿的颜色，在光线下晃动的时候，颜色会不停变化，非常漂亮。

〇四〇
黑漆嵌螺钿缠枝莲寿字纹捧盒

明晚期
直径二〇·八、高一一·八厘米

盖深腹浅
厚螺钿装饰花纹
盒面以弦纹分三层
中心寿字
四季花卉环绕
间饰杂宝

〇四一 黑漆嵌螺钿放鸢图小盒

清中期
长八·九、宽五厘米
高一·三厘米

手可盈握
极轻
内髹洒金漆
儿童放鸢图，生动有趣
线条细如发丝
金箔裁切规整
画面精美

〇四二
黑漆嵌螺钿莲花拐子纹四方委角节盒（对）

清乾隆
长二二、宽二二厘米
高三一·五厘米

盒为一对
黑漆为地，通体嵌螺钿
盖面盛开饱满莲花
蝙蝠及幼莲环绕其周
盒身每节均饰拐子
装饰感强

〇四三 大漆点螺山水楼阁人物纹长方盒

明晚期
长四一、宽二六・二厘米
高一〇厘米

盒面上点出亭台楼阁
远山近水
走马人物
富贵气息充斥其间
画面繁复
点螺工艺细到极致

〇四四

黑漆点螺人物故事圆盒

明晚期

直径一九·七、高七·一厘米

织女采桑忙
樵夫相问来时径
锦地开光
折枝花卉
细工点嵌
螺片飞薄
堪称软螺钿

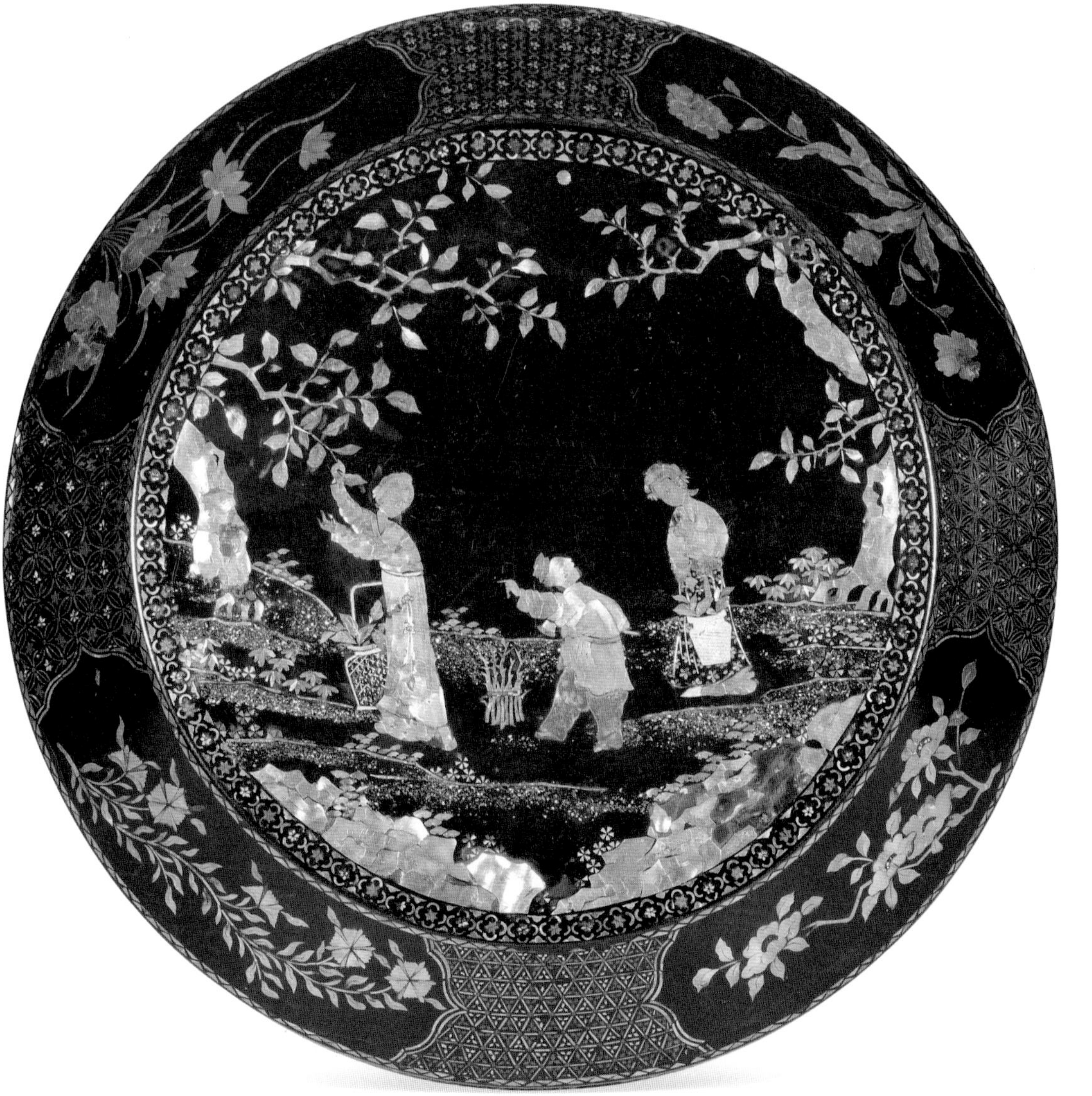

〇四五

黑漆点螺山水人物花卉纹提盒

清早期
长三一·二、宽一九·四厘米
高二二·四厘米

点薄螺钿
施金彩，交相辉映
盒面饰老人婴戏
其乐融融
共享天伦之乐
四周洞石花卉

〇四六 黑漆嵌铜山水人物拜盒

明晚期

长三九·二、宽二一·二厘米

高七·五厘米

盒面嵌白铜
用料奢侈
盒盖湖光山色
楼宇拱桥点缀
船舸穿梭其间
江南风景跃然眼前

〇四七 大漆嵌骨彩绘鹤鹿同春纹小盒

明晚期
长九·八、宽七·八厘米
高五·一厘米

天地盖
底边喷出，利于开启
骨嵌纹饰
四壁嵌暗八仙纹
画面鹤鹿同春

○四八
黑漆嵌骨山水人物小盒

清早期
长一二·九、宽一〇·六厘米
高五·八厘米

外髹黑漆
内施朱红漆
天地盖
用骨片嵌饰花纹
盖面人物携琴临江而坐
意态闲适
四边立壁为山水风景

〇四九 黑漆嵌骨八卦纹八方盖盒

清早期
长一六、宽一六厘米
高七・四厘米

小盒八方，木胎巧妙利用形制以骨嵌出阴阳鱼八卦纹立壁嵌湘妃竹以嵌骨蝙蝠作定位纽匠心独具

〇五〇 大漆百宝嵌海棠绶带纹长方盒

明晚期
长二六·五、宽一六·三厘米
高九·八厘米

黑漆为地
盒面嵌两枝海棠
一绶带鸟站立花枝
姿态飘逸
盒身花蝶杂宝
具有晚明特征

〇五一 黄花梨木百宝嵌花鸟纹盒

明晚期

长二五、宽一五・五厘米

高九・三厘米

器形饱满精巧

器壁略鼓

盖面多色材料嵌雉鸡牡丹

布局繁满

晚明风格一目了然

扫码了解文物背后的故事

这是一件黄花梨木的百宝嵌盒，盒盖上面的花鸟图案特别有意思，一只锦鸡在角落里，头冲外，像是逃跑的状态。整个画面的布局，和明代有名的花鸟画家吕纪的画很相近，鸟在画面中特别大，永远是往外飞奔的状态，这是明代花鸟画的一个特色。

这件盒子是明代晚期的百宝嵌作品，采用了青金石、翠玉、螺钿、玛瑙等各种材质。晚明时期江南富庶地区对美器极为推崇，装饰效果华丽的百宝嵌风行。

○五二 黄花梨木百宝嵌花卉文字提盒

明晚期

长三〇·二、宽一九·五厘米

高二二·五厘米

明榫制作
节盒周身光素
盖嵌折枝花卉
蛱蝶飞舞
春光无限
错银诗句两首
晚明流行

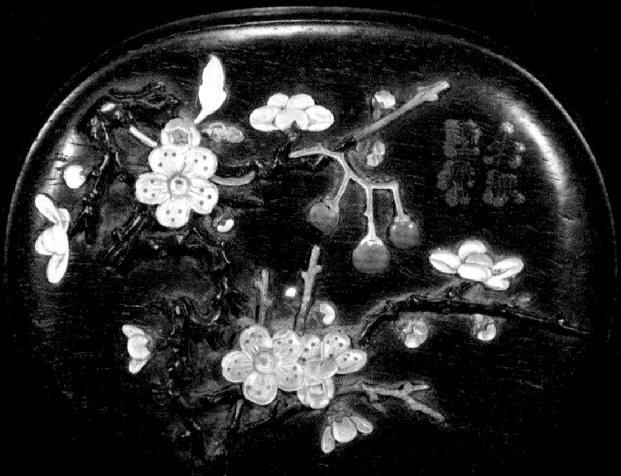

〇五三

紫檀木百宝嵌梅花文字椭圆形小盒

明晚期

长七・三、宽五・七厘米

高四・五厘米

体小，椭圆

一枝梅花斜出盒面

纹饰凸出

错银「冰肌玉骨」四字

暗合画意

底嵌「吴门周柱」

百宝嵌中顶极品牌

扫码了解文物背后的故事

这件小盒由紫檀木整挖做成，椭圆造型，小巧精致。盒盖和盒身严丝合缝，扣得很严，说明当时工匠手艺很高。

盒盖以百宝嵌装饰梅花图案，凸起的紫檀做枝干，螺钿做梅花，珊瑚做小红果，非常漂亮。一旁银丝镶嵌出“冰肌玉骨”四字，道出梅花的文学意向。

紫檀小盒是晚明的，非常珍贵，尤其珍贵在下面的款识。我们能看到款识也是银丝镶嵌，嵌出“吴门周柱”四字。周柱是明朝末期做百宝嵌名气第一的人，他在历史记载中有各类名字：周翥、周柱、周制、周治。明清之际，由于他的名气太大，所以百宝嵌也被称为“周制”。

〇五四 黄花梨木百宝嵌草虫纹提盒

清早期

长三三·三、宽一八·六厘米

高二二厘米

盒身分三层

通景装饰

山石花卉草虫

姿态摇曳生动

嵌料以设色需要

灵活随意

○五五
紫檀木百宝嵌人物纹小盒（对）

清早期
长八・六、宽六・二厘米
高三・二厘米

小盒成对，图案对应
盒盖嵌出持烛人物
表现文人夜读
四壁草虫
小巧精绝

〇五六 紫檀木百宝嵌芦雁纹拜盒

清早期
长三二、宽一六·五厘米
高八厘米

紫檀木为地
芦苇丛中大雁四只
飞、鸣、食、宿
借喻人之四种生活状态
清初流行纹样

〇五七

紫檀木百宝嵌奇石花蝶纹长方盒（对）

清乾隆
长一四、宽一〇厘米
高五·五厘米

成对
画面对称
厚螺钿、红玛瑙做主要嵌料
山石花卉
彩蝶翻飞
疏朗别致

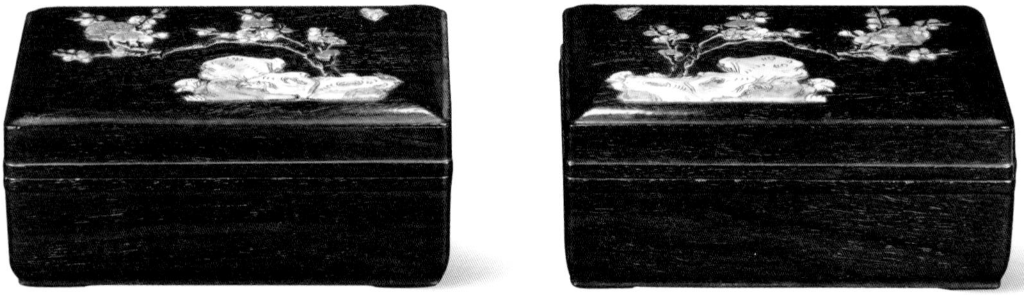

鏤盒分開白壁裝池
漬滿丹砂文彩西園
東閣珎藏畫史詩家
蘭陵孫星衍

〇五八
紫檀木百宝嵌花鸟纹委角方盒

清乾隆
长二〇·五、宽二〇·五厘米
高九·五厘米

委角正方形
四边居中半圆形打洼
造型少见
盒面百宝嵌出牡丹花卉
图案疏朗
留白处阴刻文字
乾隆时期孙星衍所用

〇五九 紫檀木嵌粉彩花卉纹瓷板长方盒

清乾隆

长二七·八、宽一六·七厘米 高一〇厘米

用料厚

材料精

盒盖嵌粉彩瓷板

绘满缠枝花卉

乾隆朝风格

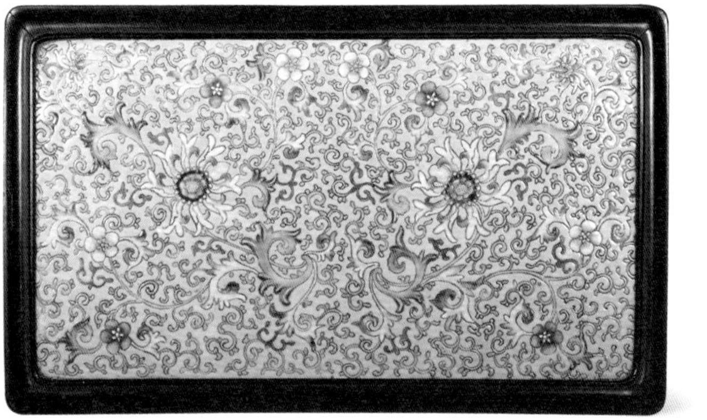

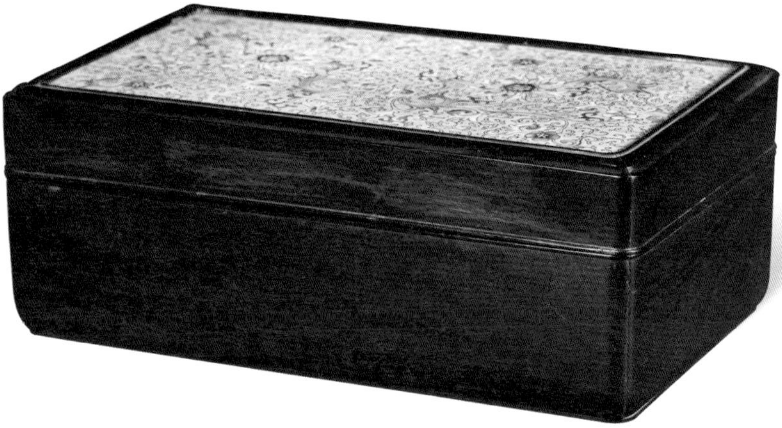

〇六〇 紫檀木嵌粉彩万字纹瓷板长方盒

清乾隆
长二五·八、宽一六·一厘米
高一二·八厘米

紫檀木打磨精致
平滑如镜
盒面嵌粉彩瓷板
黄色为主调，勾画万字
万福万寿

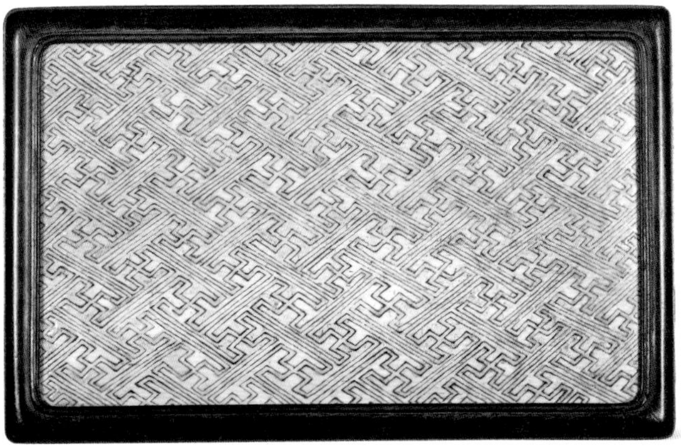

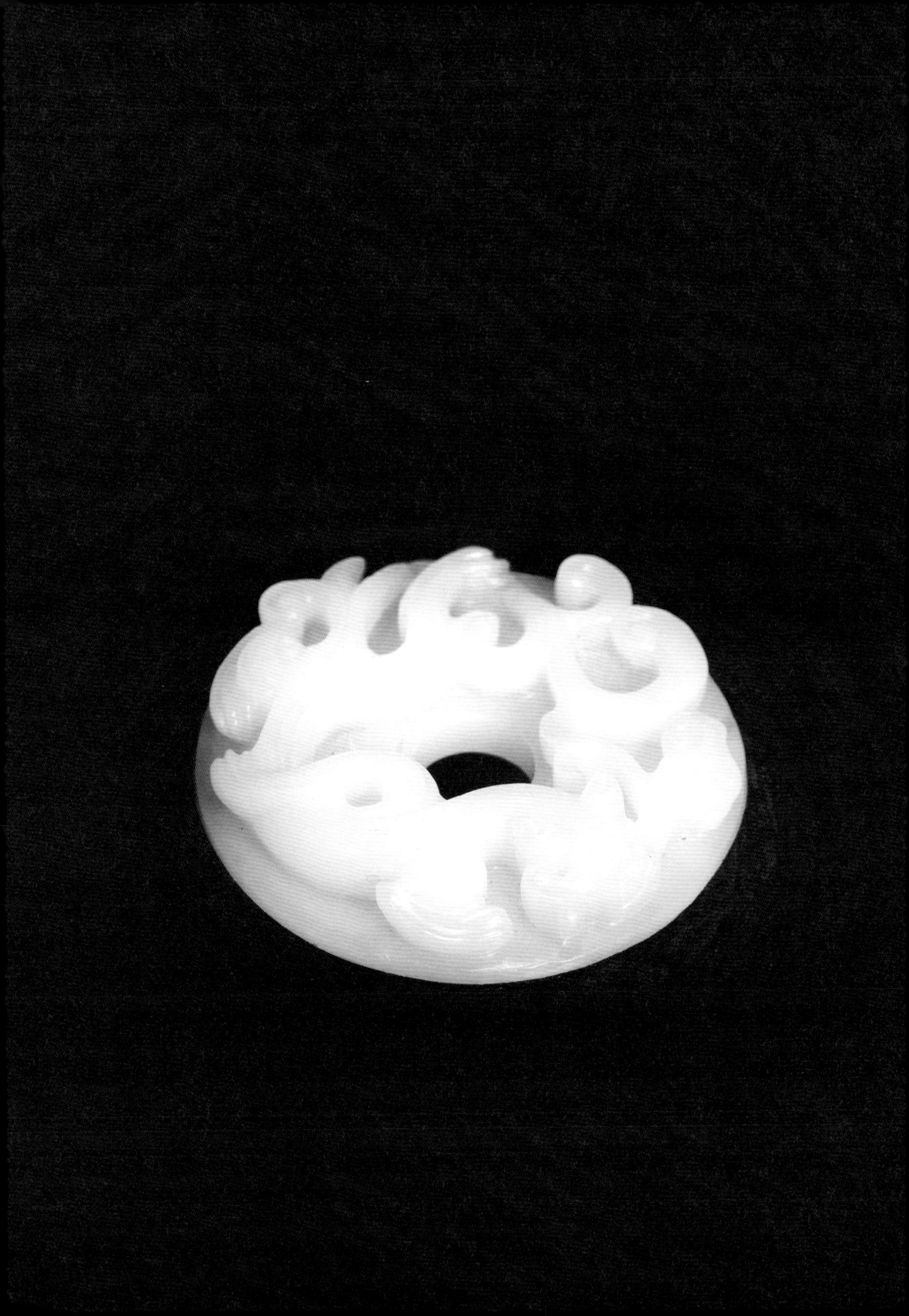

〇六一 黄花梨木嵌玉雕圆盒

清乾隆

直径二〇、高一六・三厘米

玉璧底

盖及身一木整挖

盒面嵌白玉雕螭龙环饰

木纹行云流水

饱满华丽

壽

木质

〇六二 黄花梨木捧盒

明晚期

直径二〇、高一〇厘米

全素圆盒
造型敦厚
盖面平顶起凸
无纹饰
表现材质

〇六三 黄花梨木虎皮纹长方盒

明晚期

长四〇、宽三〇·五厘米

高一三厘米

全素长方盒

口沿处起宽皮条线

盖面木纹错综班驳

呈现虎皮纹样

黄花梨木上品

〇六四
黄花梨木碗形盒
明晚期
直径一七、高一四厘米

圆盒
光素无纹
盒边缘处凸饰弦纹
呈碗形
实用器

〇六五 黄花梨木交泰盒

明晚期

长二七·五、宽一六·五厘米

高一〇厘米

交泰盖

边沿起阳线

内设胆

做工考究

设计大胆奇特

〇六六
黄花梨木透雕莲瓣纹香盒

明晚期

直径一〇、高六・一厘米

镂雕四层仰莲瓣

平盖

凸雕莲子

莲子饱满

镂空处为散香之用

〇六七
黄花梨木八仙祝寿长方盒

明晚期
长三九・七、宽二〇・五厘米
高一〇・三厘米

用材奢侈
盒面浮雕八仙祝寿
或坐或立
画面粗枝大叶
晚明粗犷风格

〇六八

黄花梨木小围棋盒（对）

清早期

直径九·八、高九·五厘米

小巧，成对

光素无纹

仅以材质取胜

盖顶下凹

整体造型饱满文秀

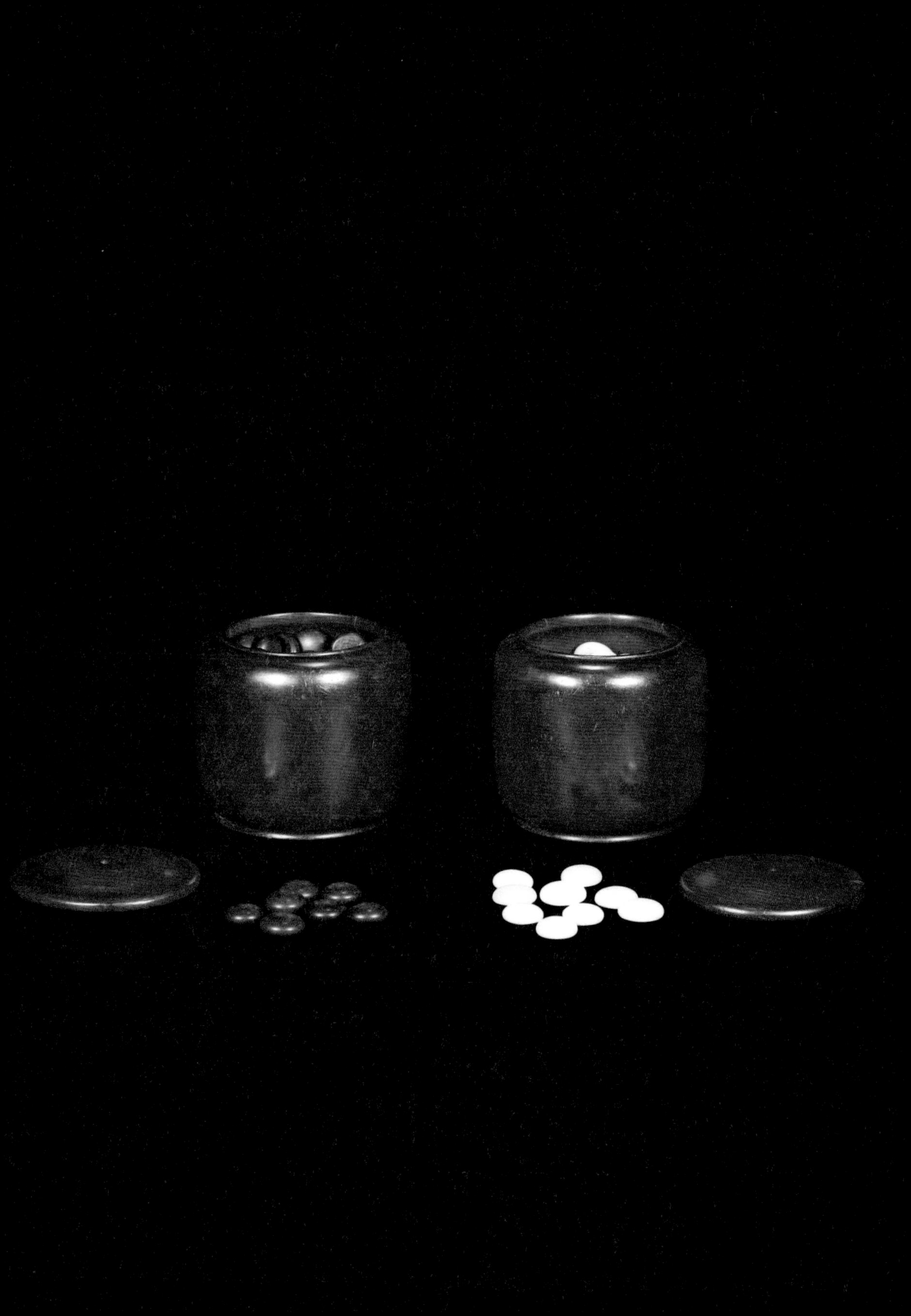

〇六九
黄花梨木朝珠盒

清早期
直径一八·八、高二三·二厘米

盒形硕大，底下带座
一木整挖，不惜用料
盖面一圆珠形高柄
此盒为存放朝珠
官宦专用

〇七〇
黄花梨木瓜棱形围棋盒（对）

清早期
直径一三、高七·八厘米

成对，盒身呈瓜棱形盒盖凸起，中心下凹宛如倒扣花瓣起棱处筋骨分明显示高超制作技法

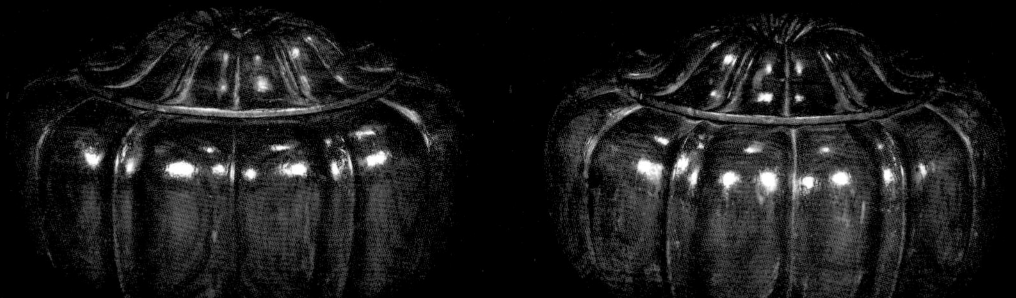

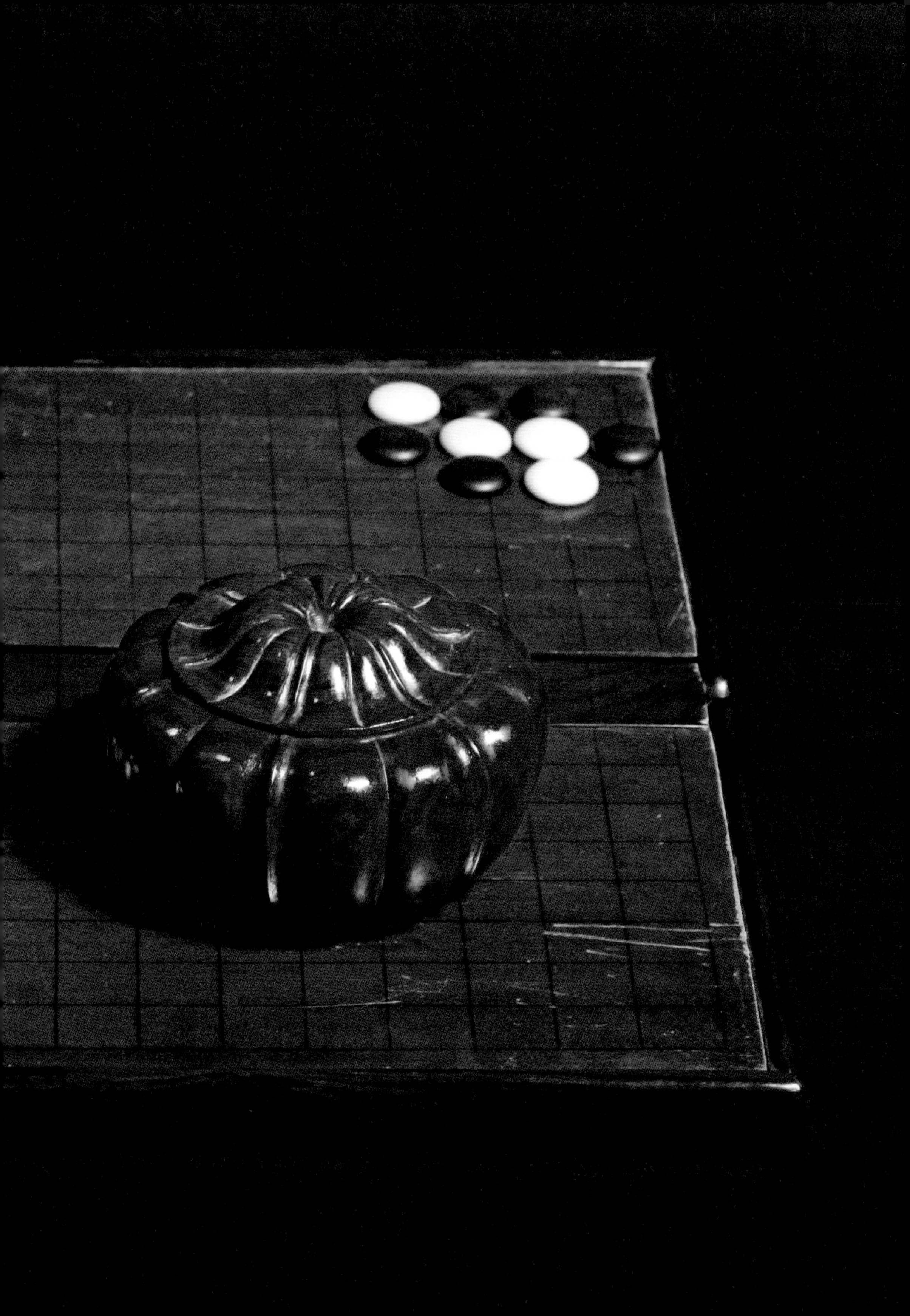

〇七一 黄花梨木镂空「寿」字方盒

清早期
长三七、宽三六・八厘米
高一四厘米

盒形硕大
盒盖中心镂空出「寿」字
大而分明
装饰感极强
寓意明确

〇七二 紫檀木仿剔犀雕云纹小盒

明晚期

直径五、高二厘米

小可盈握
通体雕刻云纹
模仿剔犀工艺
刀口圆熟
打磨光亮

扫码了解文物背后的故事

这件盒子很小，容量十分有限，估计只能装点儿印泥，但精致至极。它是紫檀仿剔犀的，以木仿漆，仿得非常好。

剔犀，又称“云雕”，是一种需要动刀雕刻的漆器。在所有动刀的漆器中，剔犀有一种不露声色的高级感。这件小盒是明代晚期的，但它仿的是元明之际的剔犀风格。

每件文物身上往往会叠加几层信息，比如这件小盒，首先表现了剔犀是中国一种传统漆器工艺；其次它不是真正的剔犀，而是紫檀仿的；最后它是一件小小的文房用具，表达了文人的一个追求。

〇七三
紫檀木围棋盒（对）
明晚期
直径一四·二、高九·八厘米

光素，展现紫檀纹理
形制敦厚
盒盖隆起后内凹
两盒出自同一木料
皆带皮色
内留有云子

〇七四 紫檀木嵌银长方盒

明晚期

长六五・二、宽一六・三厘米

高一一・二厘米

包浆完好

通体光素

口沿处错银

回纹装饰

底嵌银字「万历丙戌李吴彦制」

〇七五 紫檀木拜盒

明晚期

长三五・五、宽一九厘米

高五・九厘米

盒面两拼

扁平盒身

全素无纹，色泽沉稳

盒面平滑如玉

铜活原配

尤为可贵

○七六

紫檀木刻文字画盒

清早期

长三五·二、宽七·五厘米

高七·六厘米

长方画盒

虎皮纹

专为储放手卷

面刻「董其昌仿四大家书真迹」

文人气息浓郁

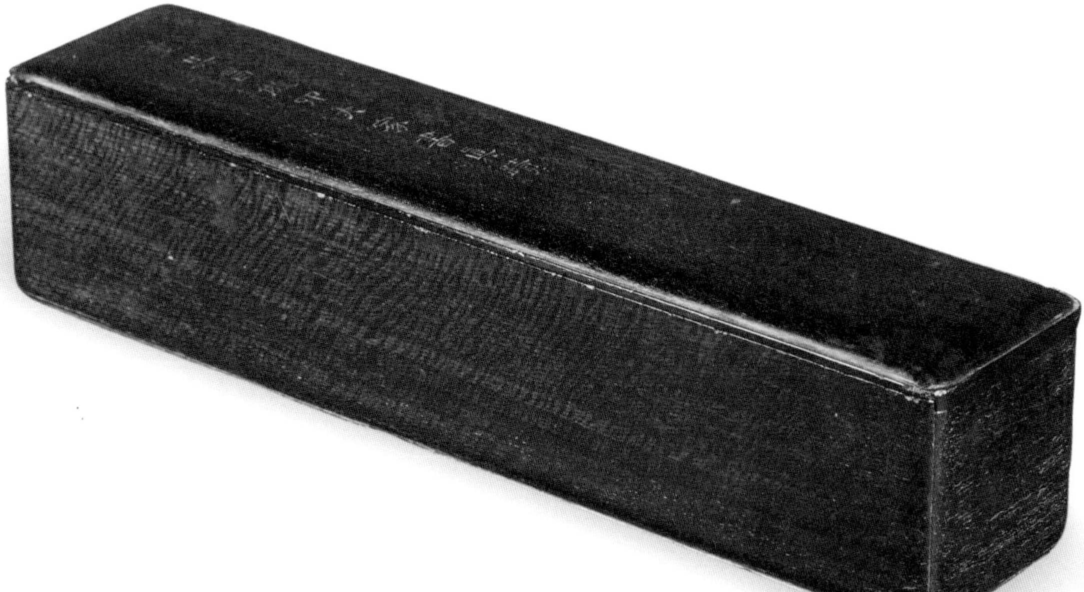

〇七七

紫檀木圆盒

清早期

直径三〇、高八·七厘米

通体光素
盒盖两拼
盒沿高出
六瓣圆弧处理
费工费料

〇七八
紫檀木长方盒
清早期
长二七・二、宽一六・六厘米
高九・六厘米

木质光亮
呈深琥珀色
盒盖微隆
盖内另设内胆
有效利用空间
精巧实用

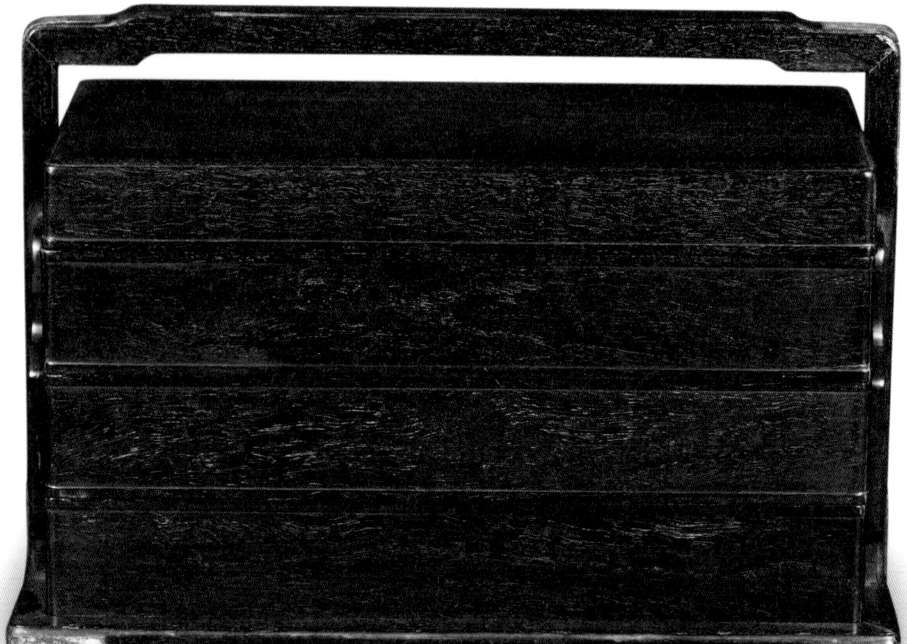

〇七九 紫檀木提梁盒

清早期

长三五、宽一九厘米

高二三·五厘米

罗锅提梁

起到视觉变化

通体全素

每层口沿起线

造型稳重大方

扫码了解文物背后的故事

提盒，是明清时期非常流行的一种生活用具，材质多样。它的用法因人而异，有时候用来装文具，有时候用来装食物，所以也有“食盒”的叫法。

这件提盒为最好的紫檀木材质，设有四屉，每一层大屉中还有一个托盘，一层一层叠加，非常讲究。提盒的架子做得很科学，全部都带有铜包角，起到装饰和加固的作用。

这件提盒最为难得的是“满彻”，就是指所有的用材都是一种木头。一般提盒的屉底往往都用便宜的木材替代，但这件提盒每层依然使用了紫檀。紫檀的表面呈现出虎皮纹，有点儿像沙漠中被风刮过的沙子，也像春天微微起皱的湖面，非常高贵而优美。

〇八〇
紫檀木雕双龙捧寿纹盒
清乾隆
直径一〇·四、高五·六厘米

圆而小巧
盖面起阳线勾连出轮廓
凸雕双龙捧寿
雕工娴熟
图案呈现模压感
为紫檀木独特表现

〇八一

紫檀木交泰盖文具盒

清乾隆

长二九、宽一七·五厘米

高九·八厘米

器盖阴刻「文衮」二字

盒分三层，带暗屉

算盘、帖架、砚滴、木尺

文房用具一应俱全

玲珑精巧

别有洞天

扫码了解文物背后的故事

这是一件紫檀文具盒，盒盖上有篆字“文衮”，说明是文人使用的盒具。

这件文具盒结构精巧，有很多机关设置。首先，盒盖的顶端设有一层薄薄的抽盖，抽出这层盖，会看到夹层里放置的小物品：一把小算盘和一面小镜子。将整个盒盖打开，才是装文具的空间，分隔成几个格子，配有紫檀木和黄杨木的小盖子；此外放置白铜盒，用于盛放印泥及墨。

盒子最下方还隐藏着一层抽屉，不知道方法根本打不开。它的设计很有意思，在第二层空间中设有一个木销，将木销抽出，才能拉出最下方的一层暗屉。古人很聪明，精巧的设计使不了解这个盒子的人会忽略掉一些细节，也打不开隐藏的空间。

这是过去文人自用的文具，它有三层，每层打开的方式都不一样，很大程度上是文人强调自己的乐趣。

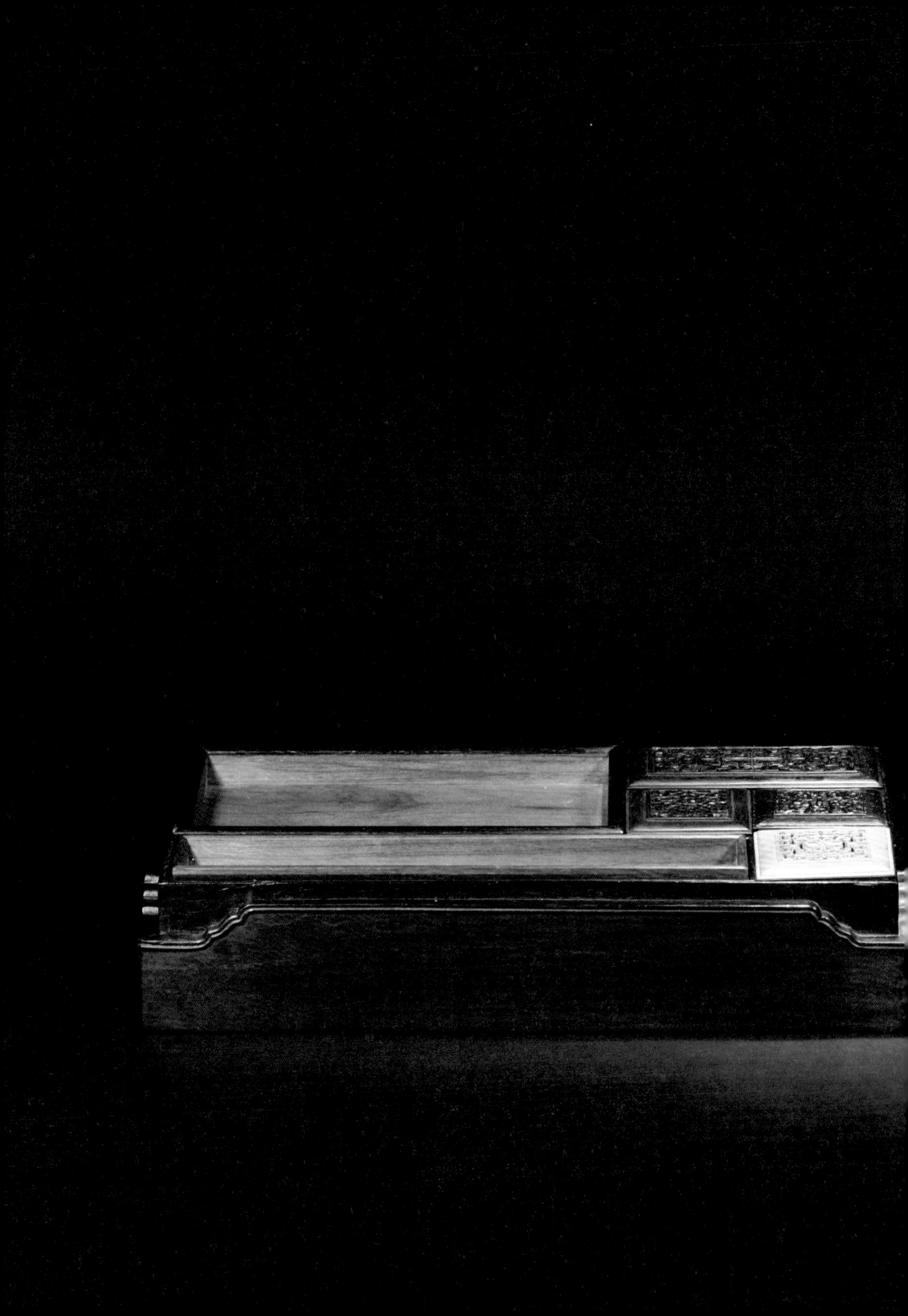

〇八二
紫檀木雕俯仰莲瓣纹节盒

清中期

直径一二·四、高一〇厘米

器小，圈足，三节通雕俯仰莲瓣以花瓣分出三层顶饰寿字设计别致做工精巧

〇八三

紫檀木雕郑板桥诗画纹拜盒

清中期
长三四・八、宽一七・六厘米
高五・六厘米

长方盒，铜包四角
盒面阴雕出一丛幽兰
一枝秀竹
旁题郑板桥诗句
潇洒率意

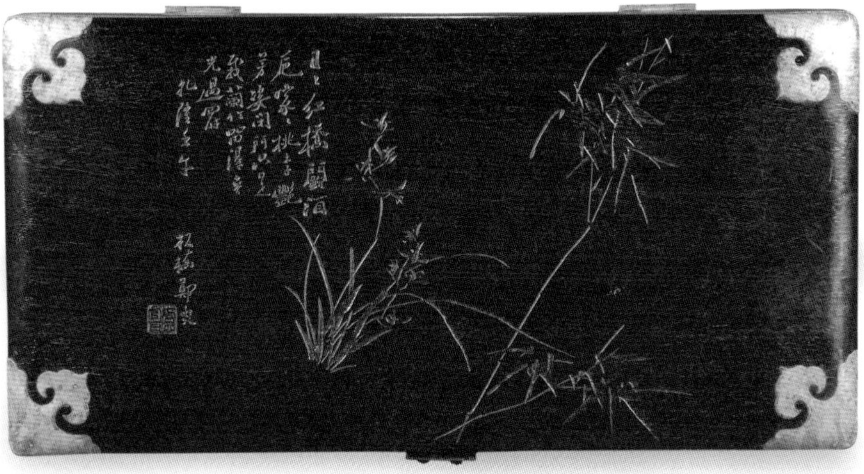

其他

〇八四
金錾花凤鸟纹蚌壳香盒

唐

长七・三、宽六・四厘米
高四厘米

珍珠满地
缠枝卷草
丹凤曲颈颔首
禽鸟飞翔其间
半扇蛤蜊相合
仿生意趣天然

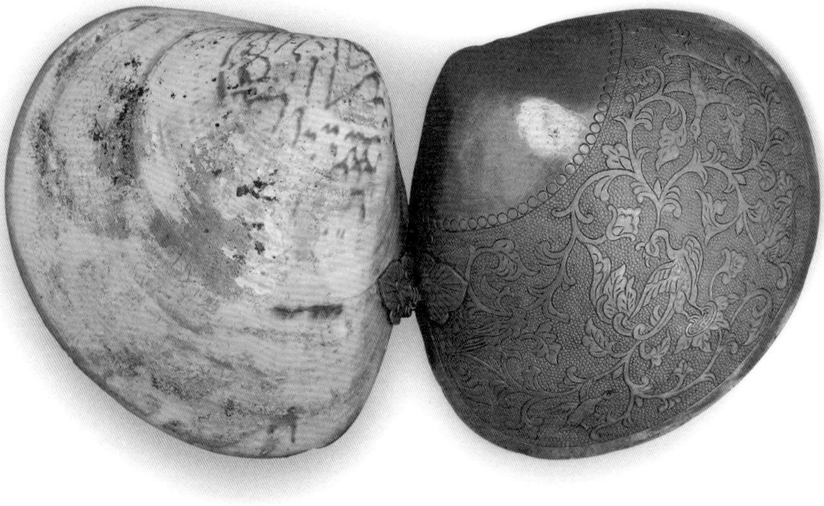

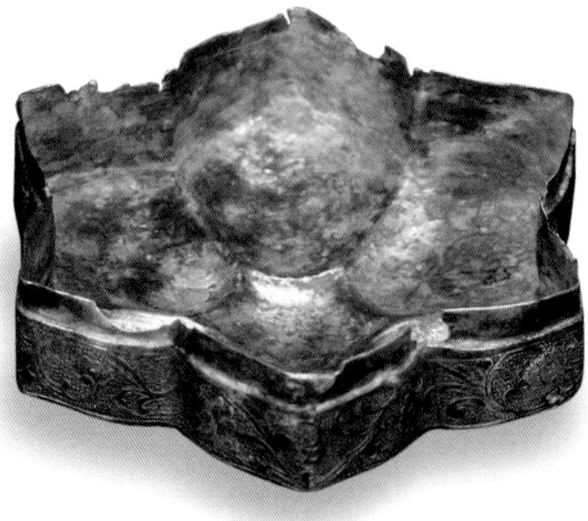

〇八五 银錾花菱花形盒

唐

直径八·三、高三厘米

银质较纯

六瓣菱花形

通身錾刻珍珠地

每瓣饰有飞禽走兽及花卉

扫码了解文物背后的故事

这是一件唐代的银盒，经过千年时间的打磨，已没有银子的初始颜色，显出了沉静的暗色。唐代的金银器做得非常好，虽然这件银盒有因氧化腐蚀的残损部分，但依然表现出异样的精致。

银盒呈六瓣花形，花心鼓起，这种两面看来是一样的盒子，在中国古代非常流行。盒身錾出细碎的花纹，动物、植物交替呈现。

图案美是中国传统文化中很重要的一支，图案跟纹饰有一点不同，就是更强调律动，强调节奏变化。就比如这件六瓣银盒，时隔一千多年，看起来依然很美。

〇八六 银錾花花卉纹胭脂盒

清

直径四、高二·二厘米

盒盖隆起
体小轻盈
通体錾刻珍珠地缠枝花卉
盒内残留胭脂痕迹

○八七
弦纹铜盒

辽
直径一四・一、高八・八厘米

完全相同的两半合成
子母口扣合
器盖及器身饰双弦纹六道
形制饱满
设计简约大气

〇八八 铜胎掐丝珐琅云鹤纹盒

明嘉靖

直径一二·二、高四厘米

嘉靖皇帝好道
器物多择道教题材装饰
此盒面饰云鹤
一派道骨仙风
嘉靖朝风格凸显

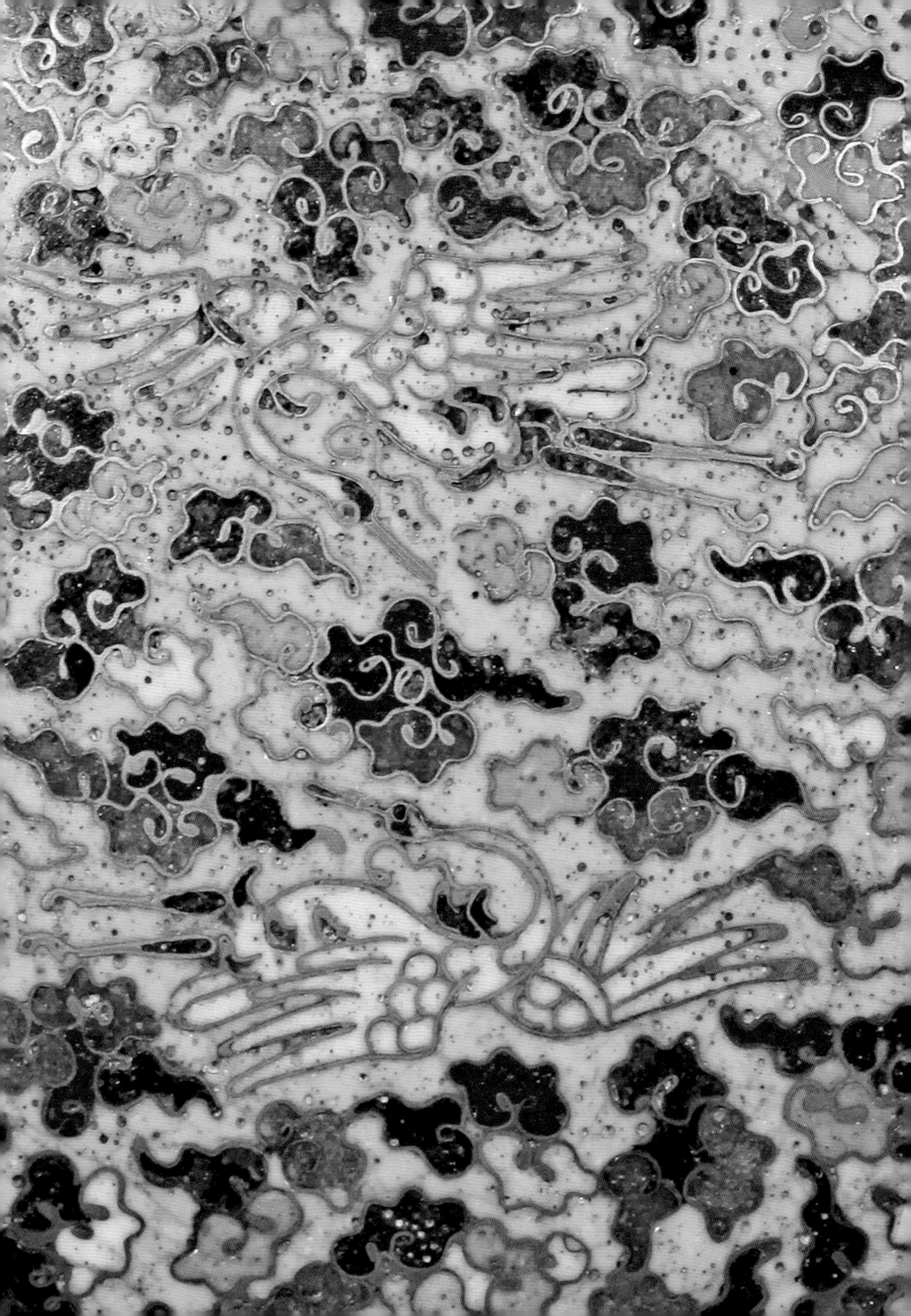

〇八九
铜胎掐丝珐琅蝙蝠花卉纹围棋盒（对）

清早期
长一〇·九、宽一〇·九厘米
高八·六厘米

成对
宽委角设计，器形独特
盖与身上下呼应
八只蝙蝠分距四方
寓意福从天降

〇九〇 铜胎掐丝珐琅嵌碧玉长方盒

清康熙
长二九・一、宽二三厘米
高七・一厘米

长方形盒
盖面正中镶嵌碧玉
用料大气
色泽和谐
富贵中不失风雅

〇九一 铜胎掐丝珐琅福寿纹印盒

清乾隆

直径六·八、高四·九厘米

用料厚，圈足器内鎏金盒面螭龙捧寿盒身蝙蝠挽莲祈盼多福多寿

〇九二
铜胎掐丝珐琅拐子花卉纹小方盒

清乾隆
长七・一、宽七・一厘米
高六・六厘米

盖隆起后渐收
四方平顶
高足外撇
通身装饰拐子花卉纹
色泽淡雅
格调统一

〇九三
铜胎掐丝珐琅缠枝莲鎏金五龙纹盒

清乾隆
直径三二·八、高一一·五厘米

盒面缠枝莲环绕
做工繁缛
五条金龙盘踞花中
富丽堂皇

〇九四 铜胎画珐琅西洋人物纹海棠形盒

清乾隆

直径一〇・二、高三・一厘米

海棠造型端正秀丽

盒盖绘西洋人物

设色艳丽

乾隆盛世中西文化交融

宫廷做工

底署「乾隆年制」款

〇九五
铜胎画珐琅黄地开光人物纹椭圆形盒

清乾隆
长一四·三、宽一二·五厘米
高七厘米

画珐琅技法纯熟
盖面黄地开光
人物描画精细入微
宫廷色彩浓重
底署「大清乾隆年制」款

○九六
铜胎画珐琅蝙蝠宝相花纹捧盒

清乾隆
直径三四・五、高一四・七厘米

紫色珐琅描金回纹作地
盒盖饰蝙蝠一周
中间宝相花一朵
蝙蝠六只，花六瓣
寓意吉祥
内施天蓝色料彩
设色独到

〇九七
蜜蜡雕花卉龙纹小盒
辽
长四·八、宽四·二厘米
高二·六厘米

蜜蜡色润质佳
盖油黄色，盒身近琥珀色
盖隆起，雕云龙
龙身翻转有力，鳞片写意
贵族所用

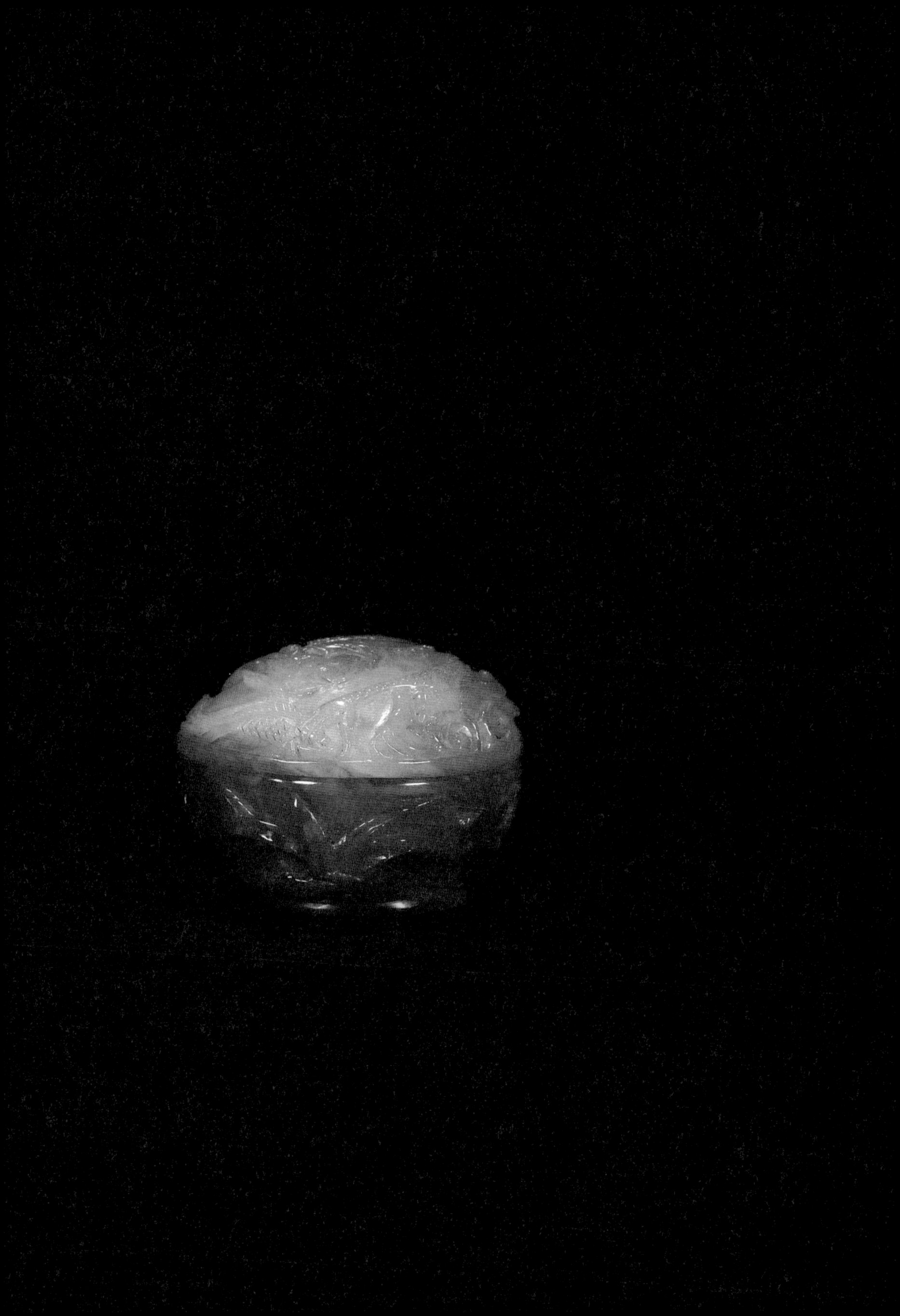

〇九八 青白玉雕螭虎纹印盒

清乾隆

直径六・五、高四・五厘米

青白玉，带皮色体敦圆，矮圈足巧用天然皮色雕一螭虎对比分明

扫码了解文物背后的故事

这是一件乾隆时期的玉盒，玉质温润，以整块玉料挖成。本来以玉做盒相对较难，古代治玉是纯粹手工活儿，挖出这样一件玉盒，圆润精致，圈足也做得非常规矩，显然非常费时费力。同时，整挖做成盒子要比做其他玉器费料，要求工匠出色完成，避免浪费玉料。

这件玉盒最美的是它保留下来的玉皮子。现代人都比较喜欢纯白色的玉，但历史上喜欢玉皮色的时期也很多。利用天然玉皮颜色的不同，做出的玉器颜色丰富，变化多端，专业术语叫作“俏色”。比如这件玉盒，在盒盖上利用这层棕黄皮色，雕出螭龙纹，美不胜收。

〇九九
白玉雕鹌鹑形盒

清乾隆
长九、宽三·九厘米
高五·八厘米

白玉，色泽温润
盒作鹌鹑形
眼喙传神
寓意平安
装饰大于实用

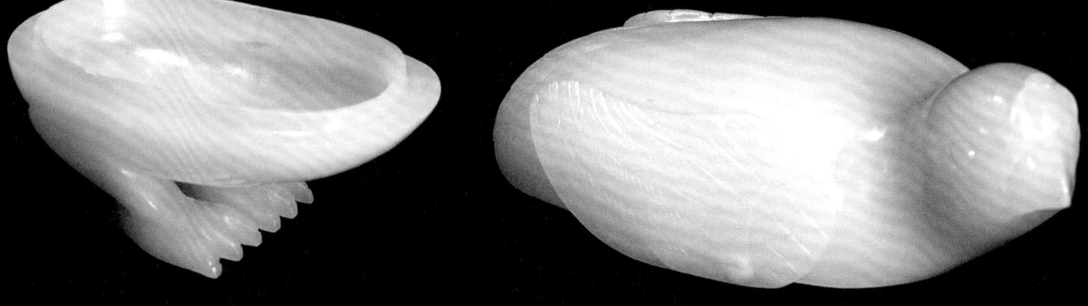

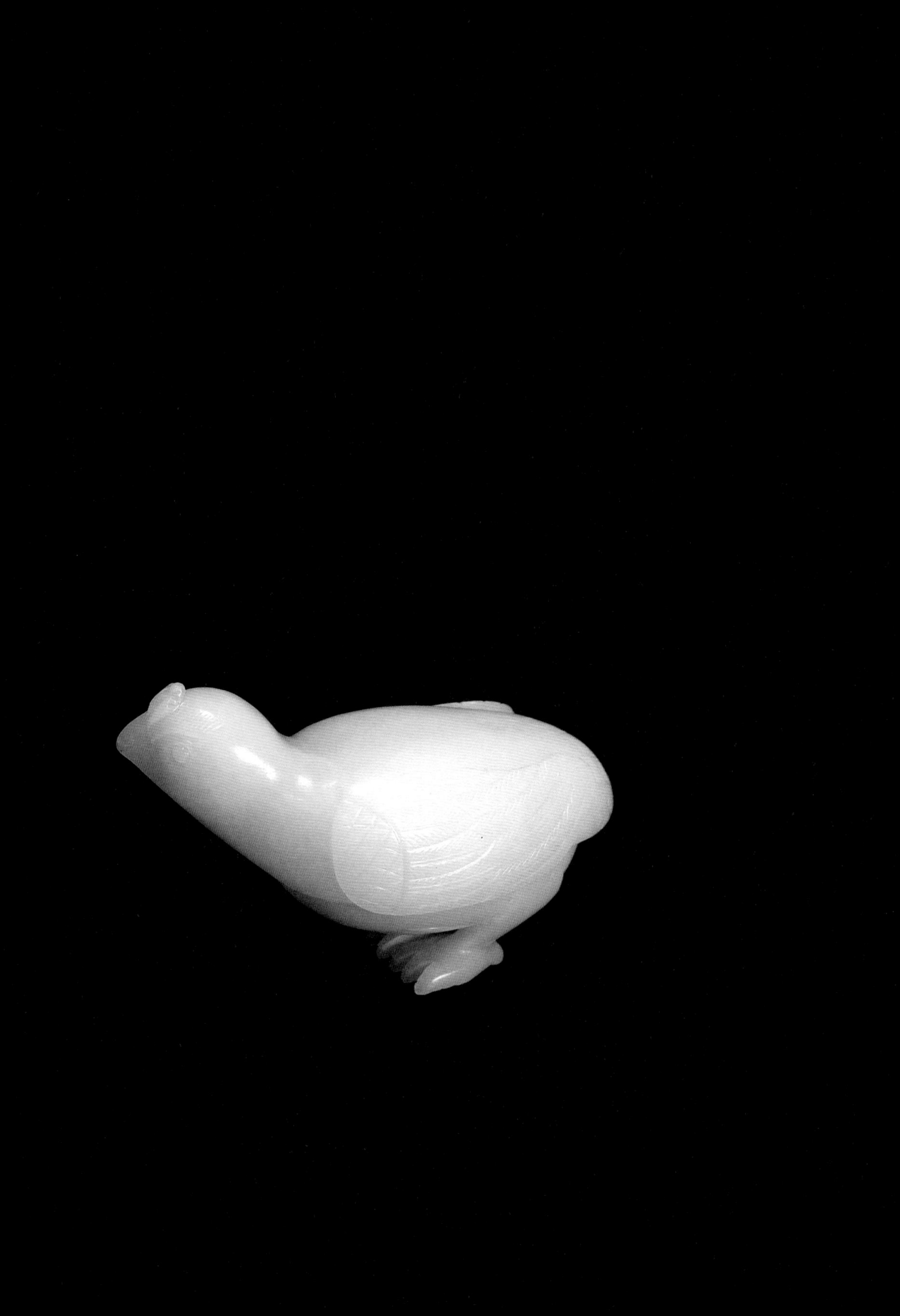

一〇〇 竹黄嵌玉雕牡丹纹盒

清乾隆

长八·六、宽八·二厘米

高四·六厘米

盒随形，小巧精致

竹黄起地

隐起牡丹枝叶

嵌玉做盛开牡丹两朵

文雅可人

乾隆宫廷风格

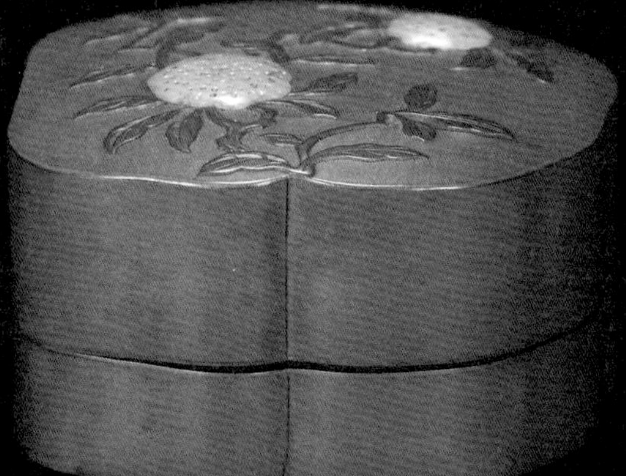

附录　淡妆浓抹总相宜

文/韩坤

引　言

韩偓，开成五年（840年）生于大唐首都长安，一生经历晚唐、五代两个时期。以今人的熟悉程度，韩偓在唐代诗人中不能算出名，但他的一位亲戚则很有名，就是被他称作姨夫的大诗人李商隐。李商隐在韩偓十岁的时候就曾称赞过他的才华，夸他“雏凤清于老凤声”，显然评价颇高。

唐代诗人都有浪漫的一面，韩偓也不例外。那个时代文人风流恣肆的生活，流露在许多诗作中。韩偓写过一首题为《玉合》的词：

罗囊绣两凤凰，玉合雕双鸂鶒。

中有兰膏渍红豆，每回拈着长相忆。

长相忆，经几春？

人怅望，香氤氲。

开缄不见新书迹，带粉犹残旧泪痕。

这首词诉说着相思之苦。鸂鶒是一种羽毛美丽的水鸟，成双成对；红豆则是相思的象征。诗词的意境优美而感伤：雕着鸂鶒的玉盒——情人离别时赠予的信物，盒中盛放着香膏与红豆，每每拈起红豆，就会想起心爱的人。盒中膏脂的香气经久不散，仿佛情人仍在身边。然而现实却是那么残酷，只有旧时的书信上，还残留着带粉渍的泪痕。

“兰膏”是一种化妆品，“玉合（盒）”是其容器，而能盛在玉盒中的化妆品一定非常昂贵。化妆盒与古人的生活密不可分，不仅仅出现在爱情场景中。

中国历史上的女性如何化妆，长期以来少有人关心。随着文物证据的相继出现，古人的化妆与盛放化妆品的盒具，越来越多地展现于今人面前。我们欣赏古代女子美丽的妆容，也惊叹各式精巧的妆盒。将古代妆容与妆盒结合起来，更容易拨开历史香艳的面纱，窥得古人的生活真相。

先　秦

由于历史太过久远，且缺乏充分的证据，我们对战国以前的化妆不甚了解，夏代的妹喜、商代的妲己，两位美人究竟如何妆饰自己的容颜，我们只能发挥想象了。《史记》中轻描淡写地说了一句“（纣）爱妲己”，没有对其容貌作出任何描述。1976年，河南安阳发现了商代最重要的大墓——妇好墓。妇好是商王武丁的配偶，可谓当时最高阶层的贵族妇女。她的墓中出土无数珍宝，其中一件跽坐玉人颇为引人注目（图1）。有专家推测这件玉人的原型就是妇好本人，但其上未见化妆痕迹。

第一部诗歌总集《诗经》的诞生，对后世影响深远，其收录了从西周到春秋时期的305篇诗歌。浪漫的诗歌中，有不可避免地提到美丽女子的：

《周南·关雎》：“窈窕淑女，君子好逑。”

《郑风·有女同车》：“有女同车，颜如舜华。”

《郑风·野有蔓草》：“有美一人，清扬婉兮。”

《邶风·静女》：“静女其姝，俟我于城隅。”

歌中的女子美则美矣，但我们还是无法确定她们是化妆后的美丽，还是天然的美丽。

《诗经》中描绘美人着墨最多的要数《卫风·硕人》：

图1 商晚期 **玉跪人** 中国社会科学院考古研究所藏

手如柔荑，肤如凝脂，领如蝤蛴，齿如瓠犀，螓首蛾眉，巧笑倩兮，美目盼兮。

歌者竭力描绘，问题却依然存在：这是化了妆呢，还是天然的呢？

目前可以肯定的是，至少从战国时期起，为了使自己看上去更美，女子就开始使用化妆品了。战国时期宋玉《登徒子好色赋》云：

天下之佳人，莫若楚国；楚国之丽者，莫若臣里；臣里之美者，莫若臣东家之子。东家之子，增之一分则太长，减之一分则太短；着粉则太白，施朱则太赤。眉如翠羽，肌如白雪，腰如束素，齿如含贝。嫣然一笑，惑阳城，迷下蔡。

宋玉的邻家之女，被夸耀成当时最美的女人，具有倾国倾城之貌。宋玉对绝色美女的判断标准，多少受了《诗经》的影响。这里有非常重要的两个词——“着粉”“施朱”，明确点明了化妆的存在。

着粉，是女子化妆中非常重要的一个步骤，目的是使自己的皮肤看上去更为白皙、明亮，达到“肌如白雪”的效果。中国人有句俗话“一白遮三丑”，不管相貌如何，皮肤白就能加分。拥有白皙的皮肤，就成了古今女子一直追求的目标。

粉的历史非常悠久，有传说是禹发明的粉。这个说法很奇怪，一个三过家门而不入的人，恐怕没有什么时间和心情去研制化妆品吧。《说文解字》释道：“粉，傅面者也，从米分声。”用“米”作偏旁，显然粉和米之间有无法分开的关系。据文献记载，最早的粉就是用米制作而成的，取材天然，健康有效。

施朱，在这里不是指涂抹胭脂，而是涂一种红色的粉。在白粉中添加朱砂，用以增添面部的红润。这种红粉没有油脂性，与白粉相类。红粉的使用非常早，属于极为重要的化妆发明，影响很大，因此后世也常用“红粉”“红颜”来代指美丽的女子。

从《诗经》中的“蛾眉”到“眉如翠羽”，均反映了古代女子重视眉妆。所谓“蛾眉”，是指女子之眉如蛾须般弯曲细长。这种眉式在中国古代最早流行，使用时间最长，“蛾眉”（一作“娥眉”）一词也被用来代指美人，历朝历代文学作品中屡见不鲜。

“眉如翠羽”是什么意思呢？最早的画眉工具为“黛”，是一种青黑色的矿石，画得深些，眉色偏黑；画得浅些，眉色偏绿，因此又衍生出了“翠眉”“绿眉”之称。

湖北省荆州博物馆藏有一件战国时期的木质女俑（图2），身着长袍，虽然深埋两千多年，秀美的脸庞仍清晰可见：长长的弯眉，明显经过了细致描画；朱砂点出小口，表明战国时期对红唇的追求。当时的女子正是用朱砂掺入动物油脂画出红唇。这一楚地的女子形象，仿佛宋玉笔下东邻之女的缩影，“天下之佳人，莫若楚国”。

图2 战国 **木质女俑** 湖北省荆州博物馆藏　图3 西汉 **侍女俑** 陕西省汉阳陵博物馆藏

秦汉魏晋南北朝

秦享国时间短，很快过渡到汉，但却起到了承上启下的作用。宋人高承《事物纪原》说“秦始皇宫中，悉红妆翠眉”，显示出秦代女子对战国化妆的继承。

西汉与东汉加起来四百余年，汉初的文景之治，使汉代的物质文化达到了一个新的历史高度。化妆品的质量得到提高，品种也进一步细化，于是，汉代女子的妆容愈加美丽。

陕西省汉阳陵博物馆藏的跪坐拱手女俑（图3），身着当时时尚的“三重衣”，长发中分至脑后梳成矮髻，跪坐行礼，一派典雅的宫廷气象。女俑面容之美，令人过目难忘。施粉后的面庞白皙，描画出弯弯的蛾眉，若有所思的眼神，略微上翘的红唇，显示出汉代女性娴静与温婉的气质。端庄中略含羞涩的神态，使女俑具有了鲜活的生命力。

汉阳陵是西汉景帝的陵寝，规模庞大，目前仅发掘了几座陪葬坑，已出土的陶俑不计其数。这件女俑在其中可算得佼佼者，是宫廷中侍奉汉景帝的宫女形象，她的妆容无疑代表了当时的宫廷审美，让我们在两千年后的今天，得以窥见西汉宫廷最美女性的容颜。

西汉时期女子使用的妆粉已不仅仅是米粉了。米粉有个缺点，它的附着力不强，容易掉妆。于是古人发明了铅粉，又称“胡粉”，早期有可能来自西域。铅粉的附着力强，增白效果更好。“铅华”一词由此而生，证明了铅粉在美化面容上的成功和深入人心。大才子曹植一往情深地描绘梦中情人时说“芳泽无加，铅华弗御”（《洛神赋》）——她已经美得不需要任何妆饰了。

铅粉有个很大的缺点，有毒。宋应星在《天工开物》里就说铅粉“擦妇人颊，能使本色转青”，这就是明显的皮肤中毒的迹象。发现了铅粉的不足后，中国人的聪明才智总是及时发挥，不断地对其加以改进，力求将铅的毒性降到最低。

南朝刘义庆在《幽明录》中记载了一个关于铅粉的爱情故事——《买粉儿》。一个富家公子在集市“见一女子美丽，卖胡粉，爱之，无由自达，乃托买粉。日往市，得粉便去，初无所言”。暗恋着女子的公子没有表达爱意的机会，只能每天来买粉，借机与心爱的人见上一面。即使每天都见，他也没有勇气表白，甚至连一句搭讪的话都说不出口。时间久了，女子产生疑心，终于有一天，她忍不住问：“君买此粉，将欲何施？”公子鼓足勇气说出实情，终于感动了卖粉女子，许诺晚上一会，诉说衷情。

不料乐极生悲，娇生惯养的富家公子眼看爱情如愿来临，激动之下，竟然闭气而死。其父母悲痛之中整理遗物，在箱子中发现百余包胡粉，顺藤摸瓜，找到了女子。没想到女子抚尸痛哭之时，公子竟然活了过来，于是两人“遂为夫妇，子孙繁茂”。

这个爱情故事颇具神话性，大团圆结局，开创了因情而死，又因情复生的爱情故事先河，唐传奇中的《崔护》、明代戏曲中的《牡丹亭》，均属同一模式。

《买粉儿》中的“胡粉”，成全了两个有情人，也是整篇故事的线索与道具。最精彩的一笔是其父母发现“百余裹胡粉，大小一积”，如果男子风雨无阻，每天都买一包胡粉，也要三个月之久才能积攒百包。三个月的时间里天天见面，却说不出爱慕之情，那种暗恋中掺杂着喜悦、忧伤、忐忑、畏怯的复杂感情，深藏在“胡粉”背后，使故事荡气回肠。

在汉代，盛放化妆品的专用盒具第一次清晰地出现在我们眼前。20世纪70年代，湖南长沙马王堆汉墓中出土了一套重要的妆盒（图4），木胎髹漆，在双层的圆形盖盒中，放置了九件大小形状各不相同的小盒，分别用来盛放粉、胭脂、木梳、假发等化妆用品。此类专为放置梳妆用品的妆盒，称为“奁”；其中有几个小盒，便称为几“子”，有“五子”“七子”“九子”不等。马王堆汉墓的女主人为当时长沙国丞相利苍之妻，身份高贵，使用的是最高等级的九子妆奁。

东晋顾恺之的《女史箴图》（图5）则提供了另一珍贵资料。这幅长卷共分七段，其中一段为女子梳妆的画面，一女子已梳妆完毕，正满意地对镜检视自己的妆容；一女子跽坐，双手笼于胸前，颇为端庄，另一女子正在为她梳理长发。由于时人是席地而坐的，所有梳妆用品都摆放在

图4　汉　**九子奁**　湖南省博物馆藏

地上，其中妆奁的形制清晰可见。

画中的妆奁为圆形双层，外髹黑漆，内髹红漆。盒盖已打开放在一旁，可看到奁内装有若干不同形状的小盒，与马王堆汉墓出土妆奁如出一辙。这些形状各异的小漆盒中，装满了香粉、胭脂等化妆品，供东晋贵族妇女每日使用。

漆器在当时属于贵族用具，堪称奢侈品，西汉《盐铁论》中就说"一杯棬用百人之力"，做一个漆杯就要集百人之力，虽有夸张，但漆器的制作确实费工费力。用如此贵重精美的漆盒盛放化妆品，反映了化妆对贵族妇女的重要性。

马王堆汉墓女主人的妆盒中有了胭脂的存在。胭脂用来涂抹脸颊和嘴唇，能呈现健康红润的颜色。胭脂最初为红色粉状，直到南北朝时期，又加入一些动物油脂，含有油脂的胭脂在点染双颊时，比粉的附着力更强，呈色更为艳丽。

胭脂的名字有多种写法：燕脂、燕支、鲜支、烟支等，都是同音异字。据说在商代就有胭脂了，因产于燕地而称"燕脂"，但目前尚未

图5 东晋 顾恺之《**女史箴图**》（局部）英国大英博物馆藏

发现商代实物证据。另一种说法比较贴切：胭脂从匈奴地区传入，古代制作胭脂最主要的原材料“红蓝花”就生长在匈奴的领地焉支山。张骞通西域时带回汉地，此后风靡一时，因此这种红色化妆品被称为“焉支”。以其来源地为名，亦是当时汉民族给外来文化定名的基本方法。焉支的名字叫得久了，逐渐被强大的汉文化改造成了“胭脂”，更加名副其实。

强势的汉武大帝频频展开对匈奴的战争。大将霍去病在一次胜利后攻克了焉支山，失去领地的匈奴人这时体现了游牧民族浪漫的本性，他们在歌中无限惋惜地唱道：“失我焉支山，使我妇女无颜色。”这个细节很有意思，作为一个政权，失去领土固然难过，但失去了胭脂的原料产地，失去了让妇女梳妆打扮的机会，似乎更令匈奴人沮丧。正史中记载的粗莽彪悍的匈奴人，这时看来颇有一份不爱江山爱美人的多情。

魏晋南北朝时期，国家分分合合，政局错综复杂。正是这样的时期，反而激发各类艺术高速发展，各个领域中不乏顶级人物出现。各异的地域文化此时产生了不同的妆饰文化，出现了不少今天看起来很奇怪的妆容，比如墨妆（以黑色涂面）、啼妆（饰成啼泣状）、黄眉、黑唇等，一时风行，但很快就偃旗息鼓了。

此时风靡的时尚妆容是“额黄”，也称“鹅黄”“鸦黄”“约黄”等，是指把额头部分涂抹为黄色。推测此种妆饰受到佛教影响。佛教自东汉明帝时传入，南北朝时得到一次大的发展，所谓“南朝四百八十寺，多少楼台烟雨中”，正是佛教盛行的写照。宗教庄严，佛像上多涂金粉，以显示至高无上。很可能虔诚的女子们受到了启发，认为黄色涂额会显得更为端庄，从而引发时尚风潮。

额黄最初是用黄色颜料直接画在额上，后来发展为用染成黄色的其他薄质材料贴上，后一种方法可以将黄色材料剪成各类图案，更具装饰感，称为“花黄”。

北朝民歌《木兰辞》中描述木兰出征后回家换衣梳妆：“当窗理云鬓，对镜贴花黄。”在很长时间内以男性身份生活的木兰，一旦要恢复女装，强调的不是涂粉点唇，而是在额头贴一个美丽的花黄，可见当时用花黄装点面容已成为化妆中最重要的环节了。

隋唐五代

虢国夫人承主恩，平明上马入宫门。

却嫌脂粉污颜色，淡扫蛾眉朝至尊。

这首诗传为唐代大诗人杜甫所作，描述了杨贵妃的姐姐虢国夫人蒙受唐玄宗的优待，可以骑马上朝面圣。虢国夫人自恃貌美，觉得涂脂抹粉反而会使自己的天然美丽蒙污，于是不加修饰，素面朝天地觐见皇帝。虢国夫人算是唐代贵族妇女中独具个性之人，换作其他的女子，甚至三千宠爱集于一身的杨贵妃，恐怕也不愿意省略日常的化妆。

中国古代女子向来都是不重眼妆重眉妆，各种文献资料中不见画眼线眼影之类来妆饰眼部的记载，而对眉毛的各种妆饰手法、形状、颜色记载很多。究其原因，可能古人认为眉毛在脸部最引人注目，需要刻意修饰；也可能因为亚洲人与欧洲人相比，脸部比较平坦，当时没有塑造立体感的化妆概念与技术，如将眼睛描画不当，反而会弄巧成拙。相对而言，眉毛比眼睛更容易修饰，将眉毛画好，同样能衬托出眼睛的美丽（图6）。

凭眉妆改变命运的美人叫吴绛仙，她本是隋朝一个身份低下的民女，被官府征用来替皇帝拉彩舟，称为“殿脚女”。吴绛仙本有几分姿色，好画长眉。隋炀帝看腻了身边各种浓艳的牡丹，忽然发现一枝清新的野花。这时的隋炀帝表现出偏执——他爱上了吴绛仙的长眉，长眉的主人因此一步登天，宠冠后宫。当时波斯进贡来名贵的“螺子黛”，是画眉最好的材料，“每颗值十金。后征赋不足，杂以铜黛给之，独绛仙得赐螺子黛不绝”。

隋朝的美人随着王朝的灭亡已消失不见，但画眉的热情却延续到了唐朝，并轰轰烈烈地蔓延开来。在唐代，对眉妆的重视达到了前所未有的地步，即便是素面朝圣、傲气冲天的虢国夫人也要先“淡扫蛾眉”。此时的眉妆式样众多，各领风骚，创下了历史之最。

宋人陶穀在《清异录》里总结说：“五代宫中画开元御爱眉、小山眉、五岳眉、垂珠眉、月棱眉、分梢眉、涵烟眉。”五代时还在延续着盛唐的眉形，但记载下来的仅为冰山一角。从今存的唐代文物看，各类女俑、绘画、壁画中，女性的眉毛各不相同，令人叹为观止。

唐代女子为了追求画眉的最佳效果，常常将自己原来的眉毛全部剃掉，再重新描画新眉。不拘于原有的眉形。有长有短，有浓有淡，有粗有细，有横有竖，有一笔而成，有多道组合，五花八门，任意发挥。

宫廷画家周昉的《簪花仕女图》（图7），堪称国宝，用细致入微的笔触描绘了几位宫廷贵妇的形象。其中一位手执蝴蝶的贵妇，剃去了原有的眉毛，画成了一对如蝶翅般的小眉，呈倒八字形立在额头，算是当时新奇而时髦的眉形。

日本与中国交流已久，在文化生活方面深受中国影响。在日本的平安时代（794—1192年），就受到大唐帝国画眉之风的影响，无论男女，

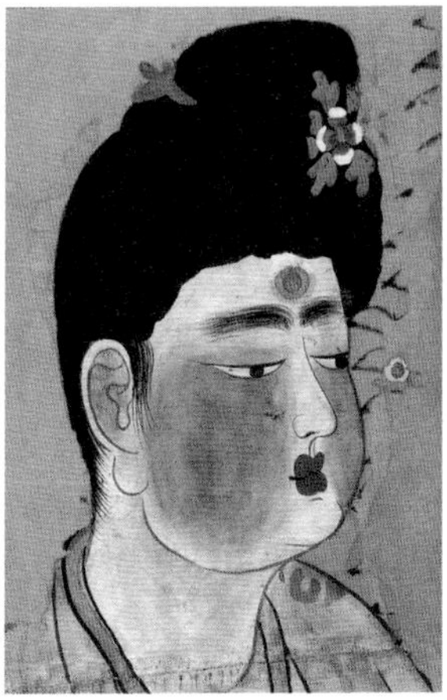

图6 唐 **仕女像（壁画）** 新疆维吾尔自治区出土

图7 唐 周昉《**簪花仕女图**》（局部）辽宁省博物馆藏

贵族阶层都会将自己的眉毛剃掉或拔掉，在比原来的眉毛高出的位置描出椭圆形的新眉，称为“天上眉”，又称“殿上眉”或“蝉眉”。据说眉毛画得越高，就表示贵族的地位越高，于是就有眉毛甚至贴近发线的妆容，令今人看着古怪咋舌。

对胭脂的喜爱，唐代女子比任何一个朝代都更为狂热。1972年，新疆吐鲁番阿斯塔那187号墓被发现，墓中出土一件屏风，上面残留着一幅绢本设色的《弈棋仕女图》（图8），画面上一位浓妆贵妇，额间画着花叶形的钿子，双眉浓粗，平而长，自眉下至颔上，大面积地涂抹着艳丽的胭脂，红唇描画得小而丰满。这位仕女体态丰满，身穿华丽的红色上衣，与她以红为主的妆容相映生辉，正是唐代贵妇的真实写照。

五代人王仁裕在《开元天宝遗事》中回忆杨贵妃体胖怕热，夏天“每有汗出，红腻而多香，或拭之于巾帕之上，其色如桃红也”。看过上面那幅《弈棋仕女图》，再看这段文字记载，就会明白这奇怪的现象是何原因了。

胭脂的涂抹也有讲究：先在面部敷粉，将胭脂在掌心晕开，涂在两颊，涂得浓重者，称为“酒晕妆”，模仿醉后的动人颜色；涂得浅淡者，称为“桃花妆”，意指如盛开的桃花般娇艳；如果先在面部涂上胭脂，再罩上一层白粉，则称为“飞霞妆”，形成白里透红的肤色。盛唐女子偏爱的是酒晕妆，夸张地展示着自己的美丽。

贵族妇女的妆饰如此多变而美丽，那唐代平民女子的又如何呢？新疆吐鲁番阿斯塔那201号墓出土的4件劳作女俑（图9），正是唐代平民妇女的真实写照。女俑们正在干着不同的活计，表情愉快，显示了劳动的快乐。她们都梳着高髻，画着浓眉，腮上涂着鲜红的胭脂，额头上贴着时髦的花子，充分说明了唐代女子无论身份高下，都追求最流行的化妆技

图8 唐 《**弈棋仕女图**》 新疆维吾尔自治区博物馆藏

巧与方式。

唐人对艳妆的追求深刻影响到五代，在顾闳中《韩熙载夜宴图》中，我们能看到五代女子的妆容，虽然较之盛唐清淡了不少，但依然敷有大面积的胭脂。

今天的女性在画彩妆之前，都先在面部涂抹一层滋润的面霜，一为保护皮肤，二为彩妆保持时间更长。古代女性也不例外，她们同样有自己的“面霜”，称为“面脂”。今天女性所使用的唇膏，古代女性也同样拥有，称为“唇脂”或“口脂”。

北朝贾思勰的《齐民要术》中记载了“合面脂法”：“用牛髓。温酒浸丁香、藿香二种。煎法一同合泽，亦着青蒿以发色。棉滤，着瓷、漆盏中令凝。若作唇脂者，以熟朱和之，青油裹之。”由此可见，面脂和口脂

图9 唐 **劳作女俑** 新疆维吾尔自治区博物馆藏

是以动物油脂为原料，加入香料等其他成分，熬煎成膏状，冷却即成。

面脂和口脂的使用历史比较长，有专家考证在周代即为美容之物。从《齐民要术》看，南北朝时期就已经使用得非常广泛了。到了唐代，面脂、口脂的成分里又新添加了“蜡”，使其形态和效果俱佳。

本文开头韩偓词中描述的“兰膏”，其实就是一种添加了香味的面脂。同样的情节也出现在唐传奇《柳氏传》中，当柳氏不得不与心爱的人分别时，她“以轻素结玉合（盒），实以香膏”赠予情人，以表达自己倾心相爱却忍痛分离的复杂心情。

嘴唇是唐代女子另一处极为重视的地方。经过完美修饰的红唇，具有无限的风情。红唇的形状也各有不同，但肯定都不是自己本来的唇形。唐人崇尚小而丰润的嘴唇，无论实际上嘴的大小如何，每个女性都力图给自己营造一个嫣红的樱桃小口。

唐传奇《莺莺传》中提到，张生从京城托人给莺莺捎来礼物：“兼惠花胜一合，口脂五寸，致耀首膏唇之饰。”“口脂”是当时流行的化妆品，因此有资格被当成拿得出手的礼物。“五寸”这一量词，表明了口脂以固体形态存在，被盛放在一个小小的盒子中，千里迢迢从长安送到山西。

唐朝皇帝也常常将口脂、面脂等物品，装入名贵的盒子中赏赐给大臣，以示天恩，可见当时的口脂、面脂为男女皆用的化妆品。王建作《宫词》：“黄金合里盛红雪，重结香罗四出花。一一傍边书敕字，中官送与大臣家。”刘禹锡曾替人写过一道感谢皇帝的奏表：“兼赐……腊日面脂、口脂、红雪、紫雪并金花银合二、金棱合二。”所谓“红雪”“紫雪”，皆是加入颜色的高级面脂，盛放在金或银鎏金的盒子中，以显示等级高贵（图10）。

张生送给莺莺的另一份礼物，正是此时发扬光大的面部装饰物——“花胜”。花胜，又称花钿、花子等，指女子眉间的装饰物。六朝时的花黄，其实就可理解为一种黄色的花钿。花钿的起源传说是南朝寿阳公主卧含章殿下，梅花飘落额头，拂之不去。宫人们见其惊艳，遂模仿而创出的化妆方法。

唐代的花钿更加丰富多彩，不拘泥于一种颜色，可见红色、蓝色、黑色等。花钿可以直接在双眉间描画，也可以利用其他材料如箔、纸、鱼骨、翠羽等，剪成各种形状粘贴于额间。张生送的就是后一种，已被制成不同式样的花胜，因此才能装成“一合（盒）”作为礼物。

唐代女子还喜欢在自己的脸侧描画一弯红痕，常见月牙形、卷草形、菱花形等，这种妆饰称为“斜红”。有专家推断斜红本来是美人脸上的伤痕，后来发展为一种缺陷美。旅顺博物馆藏一件唐代女俑头部（图11），

图10 唐 **铜鎏金粉盒**

女俑的两颊描着月牙形的斜红，形成独特妆容。

这件女俑的面部装饰非常齐全，除了眉间的花钿、两颊的斜红以外，她的嘴唇两边还点着两个小小的圆点，这就是面靥。靥的本意是指酒窝。面靥也叫“的”或“勺”。“的”是多音字，当它读音为“dì”时，意思是箭靶的中心，从而衍生出“目的”“众矢之的”这样的词汇。箭靶的中心就是一个红色的圆，因此不难想象，面靥就是装饰在女子面部两侧的红色圆点，做出酒窝的效果，称为“笑靥”。

相传面靥在商周时期就出现了，说来很有意思，它的出现最初不是为了修饰容貌，而是为了生活需要。当时宫中嫔妃每到月事来临，就在自己脸上画上红点，暗示这几天不能为天子侍寝。久而久之，大家都认为画上这种红点后，更增容貌之美，于是流传开来，成为时髦的妆容，它最初的意思反而被忽视了。

随着时代的发展，面靥的形状也不仅局限于圆点了，而是出现了众多花形甚至鸟兽形；所装饰的位置也不只是酒窝处了，逐渐向整个面部发展。到了五代，贵妇们热衷于将面靥贴得满脸都是，甚至掩盖了自己的本来容貌，称为“碎妆”。敦煌榆林窟五代壁画中的供养人——“娘子翟氏”（图12），高髻繁饰，脸上是典型的碎妆，应为五代女子妆容的最高级别。

图11 唐 **女俑头部** 辽宁省旅顺博物馆藏

图12 五代 **供养人娘子翟氏（壁画）** 甘肃敦煌榆林窟

宋辽金元

入宋，古代女子的妆容发生明显的变化：前期依然受唐至五代浓妆的影响，后期则以温和淡雅为美。至此，一千年来的女子化妆皆承袭宋代制度，再无唐代艳丽的妆容。

在中国历史上，宋代可称为一个转折点，后世的许多生活方式、行为准则，均在宋代定型。而肇始于宋的程朱理学，不能容忍唐代妇女自由开放之风，将古礼中的“三从”“四德”拎出来大力宣扬，形成约束女子的行为条款。其中“妇容”一项，就要求女子以端庄温婉为美，不可浓妆艳抹。

北宋前期的宫妆受唐至五代影响的例子是《宋真宗皇后像》（图13），真宗皇后的妆容很是奇怪，她用红色的胭脂分别自双眉以下至颌，画出了两圈明显的红色轮廓，轮廓中淡抹胭脂；两轮廓在鼻子中间的空隙处，用粉填白；嘴唇先画一层淡红，再在下唇中间重描一点，形成小口的错觉。

真宗皇后的整个妆容就像戴了面具，看似奇怪，其实是受了五代化妆之风的影响。五代《宫乐图》（图14）中的宫伎们就是自眉以下大面积涂抹胭脂，在脸部形成一个红色的轮廓。

然而，之后的仁宗皇后妆容则截然不同了。仁宗皇后长画蛾眉，贴着珍珠制成的花钿和面靥，虽然装饰很多，但薄涂胭脂，显然比真宗皇后的妆容“正常”了许多。

《宋仁宗皇后像》（图15）中两旁侍奉的宫女均为妙龄少女，在繁缛的装饰下依然流露着朝气，她们的眉形很特别，眉下部颜色最浓，越往上越淡，这种眉称为“倒晕眉”。

宋代女子为表现温婉贤淑之态，非常重视粉妆。宋人苏汉臣所绘《靓妆仕女图》（图16），描绘了一位女子晨妆的场面。画中女子凝视镜中，检视自己的妆容是否完美。我们可看到她的妆台上放置着套盒模样的妆奁，一只粉盒敞着盖，仿佛正在使用中。

山西晋祠圣母殿中的彩塑侍女像（图17），是极其珍贵的宋代艺术

图13 北宋 《宋真宗皇后像》（局部）台北故宫博物院藏

图14 五代 《宫乐图》（局部）台北故宫博物院藏

15 16

图15 北宋 《**宋仁宗皇后像**》 台北故宫博物院藏
图16 宋 苏汉臣 《**靓妆仕女图**》 美国波士顿艺术博物馆藏

品。侍女们着宫装，姿态表情各不相同，但她们的妆容却都淡雅清秀：施粉的面容，仅突出细眉与红唇，表明当时的淡妆时尚。词人晏几道《菩萨蛮》："娇香淡染胭脂雪，愁春细画弯弯月。花月镜边情，浅妆匀未成。"辛弃疾《鹧鸪天》："玉人好把新妆样，淡画眉儿浅注唇。"

粉妆依然是女子化妆的重要步骤，对粉的要求促使了市场的繁荣。南宋福州黄昇墓出土了一批珍贵的"粉饼"，形状各异，上面压着各式折枝花卉，给闺阁用品增加了一些艺术气息。

宋代宫妆中流行蛾眉和八字宫眉，从晋祠侍女们身上看得清楚。蛾眉细长而平缓，最符合"妇容"标准。八字宫眉则从唐时就流行，白居易"双眉画作八字低"、李商隐"八字宫眉捧额黄"可以为证。侍女们双眉间距离较大，眉梢向下，就形成"八"字，推测应为剃掉原有眉毛后另画。"宫眉"即是宫中式样，地位较高，影响到元代，比如山西芮城永乐宫壁画中所绘天女（图18）。

晋祠侍女们的唇妆也与唐时截然不同，宋时已不再一味强调樱桃小

17 18 19

图17 宋 **彩塑仕女像** 山西省晋祠圣母殿
图18 元 **天女（壁画）** 山西省芮城永乐宫
图19 辽 **《寄锦图》（壁画）** 内蒙古自治区赤峰市宝山2号辽墓

口，而是以自然唇形为基础涂抹红唇，实实在在，清新动人。

早于宋朝立国的辽王朝，由契丹族建立。在从游牧生活逐渐转向定居生活的过程中，辽的政治和生活都不可避免地受到汉文化影响。内蒙古赤峰宝山辽墓《寄锦图》壁画中（图19），女子们都在粉妆上敷较深的胭脂，显得肤色自然红润；弯眉，红唇小口，显示了由唐风向宋风过渡的状态。

此外，辽代女子还保留了一些独特的妆容，比如宋人朱彧就在《萍州可谈》中说："先公言使北时，见北使耶律家车马来迓，毡车中有妇人，面涂深黄，谓之'佛妆'，红眉黑吻，正如异物。"这种"佛妆"可能是从中原的额黄发展而来的，是契丹女子的时尚。而此时的宋人看来，满面涂黄、红眉毛、黑嘴唇的女子，简直怪异到极点。

相较而言，金朝女子倒更贴近宋人的妆饰，这也不难理解，金灭北宋后，占领北方大部分领土，强大的汉文化一点一滴地融入金人生活。

图20 金大定二十九年 **彩塑侍女像** 山西省晋城东岳庙

图21 元 **《元世祖皇后像》** 台北故宫博物院藏

山西晋城东岳庙彩塑侍女像（图20），为金大定二十九年（1189年）所塑，女子亦淡妆，以巾帕包髻，态度温文，与晋祠侍女几无二致。

元人尚白，因此对粉妆依然重视。今天能看到的元代皇后画像（图21），无一不是粉白的面庞，端庄而富态。皇后们都剃掉眉毛，另画出“一”字平直的长眉。蒙古人在广阔的草原上生活，看惯了天高云远，形成了豪爽奔放的性格，欣赏简约大方的一字眉，合情合理。虽然面部少了些许装饰，但皇后头戴的饰满珠络的高冠——罟罟冠，华丽多姿，为其妆容增色。

明

1368年，朱元璋坐上龙椅，大明王朝的诞生，恢复了汉族政权的

图22 明 《孝恭章皇后像》台北故宫博物院藏 | 图23 明 《朱夫人像》（局部）南京博物院藏

统治。由于蒙古族政权统治时间不足百年，在当时较为缓慢的生活节奏下，社会生活形态并未有大的改变，明朝与南宋在很多方面都表现出一致的趋向。

宋时形成的对女子妆容的审美要求仍然延续着，温和守礼的淡妆依然是主流。位于妇女之首的明代皇后，妆容也都参照此标准。宣德皇帝的孙皇后（图22），初封为妃，就是凭借貌美温顺赢得皇帝的心，硬是把没有任何过错的皇后拉下马，自己登上了宝座。我们看到孙皇后画像，并无强烈的美艳，皆为端庄之态。画像虽有修饰成分，但反映了当时的审美潮流。

南京博物院所藏明人所绘《朱夫人像》（图23），则可代表贵族妇女的装扮。朱夫人受过诰封，盛装华服。她与孙皇后都画着一对弯弯的细眉，描出一点红唇。孙皇后是上下唇都描一点，合成一个对称的唇形；朱夫人则重点突出下唇中间部分。除此之外，两人均略施脂粉，并无多余面部装饰。

明人所绘《千秋绝艳图》（图24），用细致的笔触画出了历史上的著

图24 明 《千秋绝艳图》（局部）中国国家博物馆藏

名美女，她们姿态各异，相貌却似从一个模子里刻出来一般：淡妆，鹅蛋脸，细眉，单眼皮，樱桃小口。在明人心目中，这就是绝代佳人的标准。

在这种主流审美的影响下，即便是青楼女子，也大都不愿浓妆艳抹，比如冯梦龙小说中的名妓杜十娘是“两弯眉画远山青，一对眼明秋水润”；玉堂春是“雅淡梳妆偏有韵，不施脂粉自多姿”。

谈到明代世俗生活，《金瓶梅》不可不提。女人成堆的大家庭中，涂脂抹粉的事少不了。西门庆初见潘金莲时，看到的是“翠弯弯的新月的眉儿，香喷喷樱桃口儿，直隆隆琼瑶鼻儿，粉浓浓红艳腮儿，娇滴滴银盆脸儿”。潘金莲显然精心打扮过，这样的妆容立刻把西门庆迷倒了。

女人们重视化妆，脂粉之类的化妆品不能少。晚明有专门出售此类化妆品的脂粉店，也有走街串巷送货上门的货郎。《金瓶梅》里“那时卖脂粉、花翠生活，磨镜子，都摇惊闺”，说的就是货郎，宋惠莲就曾叫傅大郎去“门首看着卖粉的”。

粉除了擦在脸上以外，还可以涂抹全身，潘金莲就“因前日西门庆在翡翠轩夸奖李瓶儿身上白净，就暗暗将茉莉花蕊儿搅酥油定粉，把身上都搽遍了，搽的白腻光滑，异香可爱，欲夺其宠”。所谓“定粉”是指河北定州地区所生产的粉；加入酥油，增强粉的油脂性，容易与皮肤贴合；加入茉莉花蕊，可增加香味。

晚明时期，杭州生产的粉和胭脂尤其受到欢迎，质量很高，甚至供奉到宫廷使用。《金瓶梅》中描述来旺去杭州出差，回来时“私己带了些人事，悄悄送了孙雪娥……四匣杭州粉，二十个胭脂”。而另一部世情小说《醒世姻缘传》中也说，素姐“搽着杭州宫粉”。

关于面部的其他妆饰，《金瓶梅》中描写了明代妇女贴面花的细节，比如潘金莲“露着四鬓，额上贴着三个翠面花儿，越显出粉面油头，朱唇皓齿”，李桂姐“粉面贴着三个翠面花儿”，宋惠莲“额角上贴着飞金并面花儿”。无论内宅妇女或青楼歌伎，都认为贴面花会使容貌更为美丽。

什么叫“翠面花儿”呢？就是用禽鸟翠羽为原料制成的花钿，在隋唐时期就已经开始流行，这种工艺在明清时期被称为“点蓝”，亦称“点翠”。明清时期的点蓝被应用于各式饰物，成品颜色翠蓝，明亮堂皇，属于较为高级的一种装饰品。“飞金并面花儿”则指用金箔剪成各种式样，在当时比较普遍。

虽然《金瓶梅》中频频出现贴面花儿的描述，但在传世的明代绘画中，基本不见女子脸上出现面花儿，这让人很疑惑。我们只能做出猜测：可能是因为贴面花儿所形成的艳媚感会减弱端庄感。随着淡妆成为明代女子的审美标准，虽然在生活中还有贴面儿花这种装饰习惯，但文人及画师作画时为了更突出端庄感，会将多余的面饰除去。

清

明末清初的另类才子李渔在《闲情偶记》中详细评论了一番女子美丑，他以当时一个阅历丰富的文人眼光来看，认为美女应该具有三个条件：一是容貌，即天生外在条件；二是风韵，要有媚态，也就是说要有女人味；三是内容，即内在美。这三点缺一不可。

李渔在“点染”一节里谈到了女子的化妆，尤其强调了粉妆的重要性，越是长相美丽的女子，越要用脂粉增添自己的美丽。他提醒女子们施粉后记得将眉毛上的粉拂去，否则会像挂着白霜；点唇时要一次画成樱桃小口，不露反复点染的痕迹。李渔还建议女子敷粉时分两次涂抹，以求粉质贴合，浓淡均匀；而皮肤较黑的女子甚至可涂三次，使肤色渐变为白。他对自己的这个主意很是得意，自夸是“风雅功臣”“红裙知己”。

李渔对化妆的看法，很符合清代女子的实际情况（图25）。康雍乾三朝是清代最为繁盛辉煌的时期，雍正的《十二美人图》，描绘了十二位姿态各异的美人形象，均敷粉略施胭脂，弯弯的细眉，小小的红唇。宫廷画家郎世宁运用西方油画技法，描绘的乾隆帝《慧贤皇贵妃像》（图26），写实地画出了粉面、两腮的胭脂、描出的长眉；尤其可注意她的双唇，下唇红色明显比上唇重，正是当时流行的唇样。在郎世宁笔下，慧贤皇贵妃相貌秀丽，华贵端庄，应与真实面容相差不大。

曹雪芹在《红楼梦》中借用贾宝玉之口，描述雍乾盛世时化妆品的奢华与雅致。在《喜出望外平儿理妆》一回中，贾宝玉殷勤地照顾受了委屈的平儿重新洗脸化妆：

图25 清 《**仕女梳妆图**》（局部）故宫博物院藏

图26 清乾隆 《**慧贤皇贵妃像**》（局部）故宫博物院藏

宝玉一旁笑劝道："姐姐还该擦上些脂粉，不然倒像是和凤姐姐赌气了似的。况且又是他的好日子，而且老太太又打发了人来安慰你。"平儿听了有理，便去找粉，只不见粉。宝玉忙走至妆台前，将一个宣窑瓷盒揭开，里面盛着一排十根玉簪花棒，拈了一根递与平儿。又笑向他道："这不是铅粉，这是紫茉莉花种，研碎了兑上香料制的。"平儿倒在掌上看时，果见轻白红香，四样俱美，摊在面上也容易匀净，且能润泽肌肤，不似别的粉青重涩滞。然后看见胭脂也不是成张的，却是一个小小的白玉盒子，里面盛着一盒，如玫瑰膏子一样。宝玉笑道："那市卖的胭脂都不干净，颜色也薄。这是上好的胭脂拧出汁子来，淘澄净了渣滓，配了花露蒸叠成的。只用细簪子挑一点儿抹在手心里，用一点水化开抹在唇上，手心里就够打颊腮了。"平儿依言妆饰，果见鲜艳异常，且又甜香满颊。

这一段仅寥寥三百余字，却让读的人心生羡慕。这样美好的香粉胭脂，会使每个女子的化妆过程变得无比愉悦。贾宝玉本就喜欢调脂弄

图27 清 **慈禧（照片）** 故宫博物院藏　　图28 清 **刘佳氏像（照片）** 故宫博物院藏

粉，连上学之前，都要嘱咐黛玉等他一起做胭脂。怡红院里有质量这么好的化妆品，完全要归功于贾宝玉。

在曹雪芹的时代，对粉的要求不仅仅是能增白，而是要“轻红白香，四样俱美”，还要“容易匀净，润泽肌肤”。对胭脂的要求是干净、上色快，“鲜艳”“甜香”，可用来涂面及画唇。

晚清时期把持朝政几十年的慈禧太后一生爱美，注重打扮，今天还能看到清宫藏慈禧太后对镜梳妆的照片（图27）。东西六宫后妃的妆台上，依然可见清宫梳妆用品的奢华，各类名贵材质制成的盒具，盛放着粉脂香膏，非常有力地说明了宫廷对化妆的重视。

慈禧太后有时会亲自参与化妆品的制作，据《宫女谈往录》记载，每年的“阴历四月中旬，京西妙峰山就要进贡玫瑰花，宫里开始制造胭脂了。这事自始至终要由有经验的老太监监督制造。老太后的精力非常旺盛，对于这些事也要亲自过目”。

宫里制作胭脂一定要质量上乘，这从第一道工序开始就要严格把关。胭脂以玫瑰为原料，即曹雪芹笔下的“玫瑰膏子”。挑选玫瑰花瓣时要一瓣一瓣地选，务求颜色一致，以保证胭脂纯正的红色。“几百斤玫瑰花，也只能挑出一二十斤瓣来”，用料之奢可见一斑。

选好花瓣以后，用石臼玉杵将其捣成浆，用细纱布过滤后再加入明矾。此时需注意不可用金属工具，怕染上金属的味道。加入明矾是为了呈色沉稳，贴合皮肤。之后将丝棉剪成小块浸在胭脂汁里十多天，取出在太阳下晒干即可。

如何使用这样的丝绵胭脂，《宫女谈往录》中说得很具体：

用的时候，小手指把温水蘸一蘸洒在胭脂上，使胭脂化开，就可以涂手涂脸了，但涂唇是不行的。涂唇是把丝绵胭脂卷成细卷，用细卷向嘴唇上一转，或是用玉搔头在丝绵胭脂上一转，再点唇。老太后是非常考究的，对这些事丝毫也不马虎。我们两颊是涂成酒晕的颜色，仿佛喝了酒以后微微泛上红晕似的。万万不能在颧骨上涂两块红膏药，像戏里的丑婆子一样。嘴唇要以人中作中线，上唇涂得少些，下唇涂得多些，要地盖天，但都是猩红一点，比黄豆粒稍大一些。在书上讲，这叫樱桃口，要这样才是宫廷秀女的装饰。这和画报上西洋女人满嘴涂红绝不一样。

这段记载给我们提供了一个晚清宫廷化妆的程序。这种略施胭脂，“地盖天”的唇妆我们并不陌生，晚清存留的老照片中经常可见，比如载沣生母、溥仪的奶奶刘佳氏（图28），旗人贵妇打扮，唇妆就是这样的一点樱桃口，绝对符合慈禧太后对宫廷女子的要求。而民国时期的女子，接受了西方的化妆方式，不再描画樱桃口，而是将唇全部涂红，与“画报上西洋女人”一样了。

结　语

转眼千年已逝。曾经动人心魄的粉白黛青、红妆翠钿都已沉淀成厚重的历史，于今人眼中变得陌生起来。那些美丽的妆容，不得不依靠各类文献与文物给我们提供想象的空间，让历史重新生动。

中国人的妆容永远是生活信心的世俗表达。历朝历代，当女子兼或男子注重化妆之时，正是美妙生活的开始。古人的生活并不限于简单的物质需求，每当丰衣足食之际，精神需求陡然增加，最为直接的反映就是以美丽的妆容装点社会。先秦的红妆翠眉，两汉的粉白敷面，魏晋南北朝的奇妆异容，隋唐的华丽多彩，宋元的淡妆浓抹，明清的娇容妩媚，都构成了那个时代的风情，成为历史上一道道靓丽的风景。

历史一页页地翻过，无法重现，但可重读。今天，我们面对着这些带有历史沧桑痕迹的妆盒，想象着妆盒所有者曾经的精致生活，油然而生的是无限的向往与淡淡的惆怅。而这向往与惆怅，正是历史的魅力所在。

后　记

盒子在容器中存在一种特殊的神秘，所以每个人看见时都抑制不住地想打开看看究竟。古人在盒子的设计和制造时并没考虑这些，只是为了使用的方便，将盒子制造得五花八门，令人目不暇给。

本书分为上下两册，以材质分类。上册遴选了一百个陶瓷盒子，自唐至清，横跨千年，没有间断；下册集其他门类的盒子，也是一百个，基本上也是按材质分类，只是镶嵌一类过于漂亮，不忍将其散融在其他门类中，只好另集一类，想必读者可以理解。

我们面对这些小小的容器，体会着古人历经千辛万苦的发明。我们不一定能够充分理解古人的意图，我们看到的往往是表面的华丽，体会的却是多年之后的世俗快乐。

这种世俗快乐几乎人人都有，它会传递感染别人。其实正是这样，千年以前的古人，在制造一个小小的粉盒时，想的无非是为一位仕女涂脂抹粉，没承想小盒子跨越千年，具有了生命，让不可能看见它的后人们看见了它。那它比它的同伴幸运，我们比我们的先人快乐。

2009.7

本书初版曾于2009年问世，此次再版修订，加上了与时俱进的短视频，上海古籍出版社为之操心勠力，让书以新面目呈现，令人欣慰。今天重读本书，仍有新鲜感，可见中华文化之魅力。

再版补记。

2022.7

马未都

图书在版编目(CIP)数据

盒具的文明 / 马未都编著 .—上海：上海古籍出版社，2023.4

ISBN 978－7－5732－0126－3

Ⅰ . ①盒…　Ⅱ . ①马…　Ⅲ . ①古代生活用具中国–图集Ⅳ . ①K825.22

中国版本图书馆CIP数据核字（2021）第244439号

盒具的文明

（全二册）

马未都　编著

上海古籍出版社出版发行

（上海市闵行区号景路 159 弄 15 号 A 座 5F　邮政编码 201101）

（1）网址：www. guji. com. cn

（2）E-mail：guji1 @ guji. com. cn

（3）易文网网址：www. ewen. co

上海雅昌艺术印刷有限公司印刷

开本 710 × 1000　1/16　印张 27　插页 7

2023 年 4 月第 1 版　2023 年 4 月第 1 次印刷

印数：1—8,000

ISBN 978－7－5732－0126－3

K · 3072　定价：208.00 元